Carola Reiner

Planen statt verplant werden

Die Entwicklung hauswirtschaftlicher Konzepte

Verlag Neuer Merkur GmbH

Bibliografische Informationen Der Deutschen Bibliothek
Die Deutsche Bibliothek verzeichnet diese Publikation in der Deutschen Nationalbibliografie; detaillierte bibliografische Daten sind im Internet über http://dnb.ddb.de abrufbar.

Verlagsort: Postfach 60 06 62, D-81206 München

Carola Reiner
Planen statt verplant werden – Die Entwicklung hauswirtschaftlicher Konzepte

1. Auflage 2008 – ISBN 978-3-937346-52-6

Titelgestaltung: Dagmar Papic
Umschlagfoto: © Alx – fotolia.com
Layout: Peter Hänssler

Druck: Kessler Druck + Medien, Bobingen

Carola Reiner

Planen statt verplant werden

Die Entwicklung hauswirtschaftlicher Konzepte

Vorwort

Wer aufhört, besser werden zu wollen,
hört auf, gut zu sein.
Marie von Ebner-Eschenbach

Oft wird in Einrichtungen gut gearbeitet, Abläufe stimmen und man könnte sich fragen: wozu jetzt noch ein Hauswirtschaftskonzept? Einer der Gründe ist, dass Außenstehende erkennen sollten, dass es gut funktioniert – und vor allem warum. Hierzu sind Hauswirtschaftskonzepte ein geeignetes Mittel. Auch durch den Medizinischen Dienst der Krankenkassen (MDK), der im Prüfungskatalog explizit nach Hauswirtschaftskonzepten fragt, wurde das Thema deutlich forciert.

Nicht zuletzt sind hauswirtschaftliche Konzepte auch für die Einrichtungen ein großer Gewinn, stellen sie doch sicher, dass auch in Zeiten von Urlaub oder Fluktuation der rote Faden und die Professionalität einer Einrichtung erhalten bleiben.

Doch jedes Konzept ist nur so wertvoll, wie es mit Leben erfüllt wird gegenüber den Mitarbeitern, Bewohnern oder Kunden. Den wichtigen Baustein zur Erstellung eines hauswirtschaftlichen Konzepts bietet Ihnen Carola Reiner von der CCR Unternehmensberatung mit diesem Buch innerhalb der rhw-profi-Reihe – wie ich finde auch auf sehr menschliche und praxisbezogene Art – und damit die vielleicht vorhandene Angst gegenüber Neuem nehmend.

München im Oktober 2008
Robert Schwabe

1 Sinn und Zweck von hauswirtschaftlichen Konzepten

1.1 Einführung

Wer als Hauswirtschaftsleitung eine neue Stelle antritt oder die Leitung eines neuen Bereiches übernimmt, übernimmt mit dem zur Verfügung stehenden Personal meist auch ein bereits vorhandenes Konzept.

Je nachdem, wie der Bereich *vor Ihrer Zeit* geführt wurde, ist das Konzept beschrieben und allen Mitarbeiterinnen bekannt oder es befindet sich als *ungeschriebenes Gesetz* in den Köpfen der Beteiligten.

Möglicherweise besteht aber auch noch gar kein Konzept für die Hauswirtschaft und die Mitarbeiterinnen erledigen ihre Aufgaben, wie sie es seit Jahren gewohnt sind. Und das muss noch nicht einmal schlecht sein.

Denn ganz egal, ob das Hauswirtschaftskonzept verschriftlicht ist oder nicht:

jeder Mensch handelt nach irgendeinem Konzept.

Auch wenn es ihm vielleicht gar nicht bewusst ist.

1.2 Was ist ein Konzept?

Der Begriff *Konzept* lässt sich definieren als eine Idee, einen Plan, eine der eigenen Handlungsweise zugrunde liegende Anschauung, vielleicht sogar als eine Aussage zum Menschenbild des Handelnden.

Konzepte begegnen uns im Alltag überall:

- die Werbeindustrie erarbeitet Marketing-Konzepte zur Vermarktung neuer oder bestehender Produkte,
- Politiker übertrumpfen sich insbesondere im Wahlkampf gegenseitig mit Konzepten zur Stärkung der Wirtschaft, zur Senkung der Arbeitslosenquote, zur Integration von Einwanderern etc.,
- Lehrer, Dozenten und Referenten haben Konzepte zur Vermittlung bestimmter Seminarinhalte,
- etc.

Diese Reihe ließe sich endlos fortsetzen.

Arbeitet ein Mensch *einfach drauf los*, anscheinend ohne nachzudenken, was er da tut und warum, bezeichnen wir ihn als *konzeptionslos*.

In einem Konzept werden neben Leistungen auch beschrieben, wie diese Leistungen erreicht werden sollen und so die Qualität gesichert wird.

Wir stellen also dar, was wir tun und warum wir es so und nicht anders tun.

Im Kleinen und Alltäglichen passiert dies in unserem Kopf, meist ohne dass wir bewusst darüber nachdenken. Bei komplexen Vorgängen funktioniert das nicht mehr: wir brauchen ein schriftliches Konzept zur Orientierung.

1.3 Was ist ein Hauswirtschaftskonzept?

Im Hauswirtschaftskonzept wird den Kunden dargelegt, welche Leitidee dem Handeln der Mitarbeiterinnen zugrunde liegt und nach welchen Gesichtspunkten diese umgesetzt wird.

Wir beschreiben, welche Leistungen wir erbringen und welche Ziele wir damit verfolgen.

Doch neben der reinen Leistungsbeschreibung gehört ins Hauswirtschaftskonzept noch die Darstellung der Rahmenbedingungen, unter denen die Leistungen erbracht werden:

- Welche Räumlichkeiten stehen uns zur Verfügung?
- Wie viele Mitarbeiterinnen haben wir, in welchem Beschäftigungsumfang, mit welcher Qualifikation?
- Was tun wir zur Qualifizierung unserer Mitarbeiterinnen?
- Erbringen wir alle Leistungen selbst oder sind Leistungen vergeben?
- Wie funktioniert die Kommunikation mit den anderen Leistungsbereichen unserer Einrichtung?
- Wie überprüfen wir, ob wir bei der Leistungserbringung die gewünschte Qualität erreichen?

Dabei sind Hauswirtschaftskonzepte Teil der Gesamtkonzeption einer Einrichtung.

Auf Grundlage der einrichtungsspezifischen Leitidee und -ziele werden die Ziele der Hauswirtschaft und deren Angebote formuliert. Hauswirtschaftliche Dienstleistungen spiegeln somit die Leitgedanken einer Einrichtung wieder.

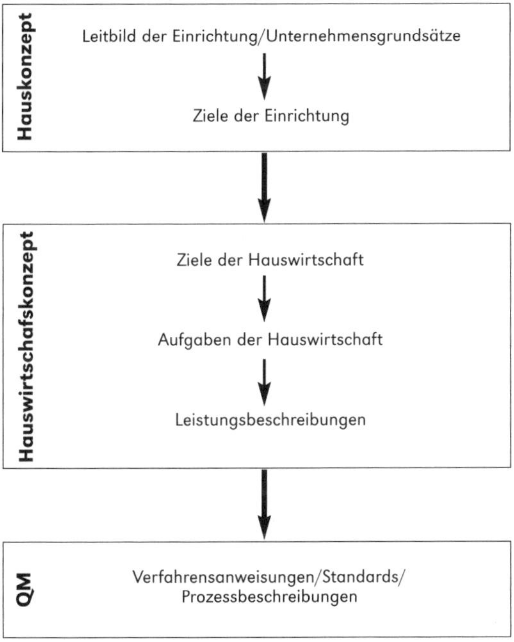

Einbettung des Hauswirtschaftskonzepts ins Qualitätsmanagement

Aus den Zielen der Einrichtung leiten sich die Ziele der hauswirtschaftlichen Bereiche ab.

Aus den Zielen der hauswirtschaftlichen Bereiche leiten sich deren Aufgaben ab.

Aus den Aufgaben der hauswirtschaftlichen Bereiche leiten sich die Leistungsbeschreibungen ab.

Aus den Leistungsbeschreibungen leiten sich die Verfahrensanweisungen für die Mitarbeiter, Standards und Prozessbeschreibungen ab.

1.4 Hauswirtschaftskonzept – wozu?

Ein Hauswirtschaftskonzept zu entwickeln ist mit Arbeit verbunden.

Man kann sich natürlich fragen, wozu das gut sein soll. *Bisher lief es ja auch*. Doch die Zeiten, in denen es ausreichte, dass *es lief*, sind vorbei.

Auch hauswirtschaftliche Abteilungen müssen sich fragen lassen, ob ihre Leistungen noch angebracht sind, ob Qualität und Kosten in einem annehmbaren Verhältnis stehen oder ob man vielleicht auf die eine oder andere Leistung verzichten kann. Und dieser Verzicht auf Leistungen bringt in aller Regel einen Verzicht auf Stellenanteile mit sich.

Packen Sie also den Stier bei den Hörnern und entwickeln Sie Ihr hauswirtschaftliches Konzept, noch bevor Ihnen die oben genannten Fragen gestellt werden. Wenn Sie es nicht tun, werden es früher oder später andere tun.

Neben der Darstellung der Leistungsfähigkeit Ihrer Abteilung können Sie durch das Entwickeln eines Hauswirtschaftskonzepts folgendes erreichen:

Mitarbeitermotivation
Die Darstellung der hauswirtschaftlichen Leistungen erzeugt Orientierung und motiviert Mitarbeiter, da Abläufe transparent gemacht, Verantwortlichkeiten festgelegt und Ziele ihrer Arbeit dokumentiert werden.

Information für Kunden
Für Kunden der Einrichtung stellt das Konzept eine Informationsquelle dar, der sie entnehmen können, auf welche Leistungen sie zurückgreifen können.

Personalkalkulation
Dokumentierte Arbeitsabläufe stellen eine Rechtfertigungsgrundlage für die Abteilung Hauswirtschaft und der dazugehörigen Mitarbeiter dar und gibt die Möglichkeit, die Anzahl der erforderlichen Stellen zu bestimmen.

Qualitätsmanagement
Ein Hauswirtschaftskonzept ist formgebend, um die Qualität zu definieren und darzustellen, zu sichern und auf Dauer zu

gewährleisten. Sie stellt die Grundlage für eine Qualitätsmanagement-Überprüfung dar.

Kalkulation von Leistungen
Aus wirtschaftlicher Sicht erleichtert die Dokumentation der bisherigen Leistungen die Weiterentwicklungen von Angeboten und ist beispielsweise hilfreich für die Erstellung von Businessplänen.

Anhand der Leistungs- und Qualitätsbeschreibungen lassen sich vorhandene und neue hauswirtschaftliche Prozesse leichter kalkulieren.

Marketinginstrument
Mithilfe der Darstellung der hauswirtschaftlichen Leistungen kann sich Ihre Einrichtung von anderen abgrenzen. Nutzen Sie das Hauswirtschaftskonzept als Werbemittel!

1.5 Gesetzliche Grundlagen

Eine gesetzliche Verpflichtung zur Erstellung eines Hauswirtschaftskonzeptes existiert nicht.

Für viele Einrichtungen gelten jedoch Vorschriften und Verordnungen, die sie dazu verpflichten, ihre Leistungen in einer überprüfbaren Qualität zu erbringen.

Nachfolgend eine Übersicht der gesetzlichen Verpflichtungen zur Qualität:

- VO EU 852/2004: *Risikobewertung von Gefahren, betriebseigenes System der Hygienequalität zum Schutz der Verbraucher.*
- Arbeitsschutzgesetz: *Beurteilung der Arbeitsbedingungen.*
- Sozialgesetzbuch V: *Sicherung der Qualität der Leistungserbringung.*
- Sozialgesetzbuch XI: *Qualitätssicherung, Leistungs- und Qualitätsnachweise.*
- Sozialgesetzbuch XII: *Vereinbarungen über Inhalt, Umfang und Qualität der Leistungen.*
- Heimgesetz (HeimG): *angemessene Wohnqualität.*

Für Altenhilfeeinrichtungen fordert der Medizinische Dienst der Krankenversicherung (MDK) seit April 2006 neben weiteren Punkten zur Qualitätssicherung das Einführen eines betriebseigenen Hauswirtschaftskonzepts.

Es ist durchaus möglich, dass diese Verpflichtung in den nächsten Jahren auch auf andere Einrichtungen ausgeweitet wird.

Im Anhang finden Sie eine Auflistung aller für die Hauswirtschaft in der stationären Altenhilfe relevanten Fragen aus dem MDK-Prüfkatalog, sowie Vorschläge für die Umsetzung in der Praxis.

Auch das Pflegeweiterentwicklungsgesetz (PfWG), das im Juli 2008 in Kraft getreten ist, stellt den Qualitätsgedanken weiter in den Vordergrund:

- MDK-Prüfungen sollen in Zukunft nicht mehr wie bisher (statistisch gesehen) alle fünf Jahre, sondern jährlich stattfinden. Dies wird mit Sicherheit dazu führen, dass mehr Personal beim MDK eingestellt wird. – Vielleicht bewerben Sie sich als Prüfer/in für Hauswirtschaft?

- Über Altenhilfe-Einrichtungen, denen bei Qualitätsüberprüfungen gravierende Mängel attestiert wurden, kann ein Aufnahmestopp verhängt werden. Durch diesen Aufnahmestopp kann ein Heim zur Beseitigung massiver Mängel oder Aufgabe des Versorgungsvertrags durch *Austrocknen* gezwungen werden.

- Zukünftig ist der MDK dazu verpflichtet, Heime auf Wunsch zu beraten. Auf diese Weise können evtl. Unstimmigkeiten, die sich bei den Qualitätsprüfungen ergeben, vorab aus dem Weg geräumt werden.

- Die Veröffentlichung der Qualitätsberichte ist die vermutlich in seinen Auswirkungen weitreichendste Veränderung, die mit diesem Gesetz beschlossen wurde. Hier soll in Zukunft durch wenige Symbole (z. B. Sterne) dem Bürger vermittelt werden, wie es um die Qualität eines Pflegeheims bestellt ist. Wie objektiv die Kriterien hierfür gewählt werden und ob sie auch den Kriterien der Pflegebedürftigen entsprechen, ist allerdings bisher nicht klar.

1.6 Selbstverpflichtung zur Qualität

Neben den gesetzlichen Grundlagen lässt sich die Verpflichtung zur Qualität auch aus den Leitbildern, Unternehmensgrundsätzen und Grundlagen der Qualitätsmanagementsysteme der Einrichtungen ableiten.

Das Stichwort *Qualitätsmanagement* ist in aller Munde und macht auch vor den hauswirtschaftlichen Abteilungen nicht halt.

1.7 So können Sie es angehen

Ihre Mitarbeiterinnen setzen die Inhalte Ihres Hauswirtschaftskonzepts um und gestalten nach ihm die Arbeitsabläufe. Deshalb kann ein Konzept nicht am grünen Tisch entstehen, sondern nur unter Beteiligung der Mitarbeiterinnen. Entwickeln Sie es also gemeinsam.

Dies kann in Form eines Qualitätszirkels, Hauswirtschaftskreises, im Rahmen von Dienstbesprechungen oder sonstiger Kommunikationswege geschehen. Nutzen Sie das Potenzial Ihrer Mitarbeiterinnen und denken Sie daran:

Niemand kennt die Arbeitsabläufe so gut, wie diejenige, die sie ausführt!

Natürlich wird sich nicht jede Mitarbeiterin gleichermaßen für diese Aufgabe begeistern. Doch Sie werden erstaunt sein, wie viele Mitarbeiterinnen sehr wohl über den Sinn und Zweck ihrer täglichen Arbeit nachdenken und wie viele Ideen und Anregungen zur Arbeitserleichterung, aber auch zur Qualitätsverbesserung Sie erhalten werden!

Zu Beginn sollten Sie sich über die folgenden Fragen klar werden:

- Was sagt das Leitbild der Einrichtung aus, was bedeutet es für die Hauswirtschaft ?
- Mit welchen Zielen bieten wir welche Leistung in welcher Qualität an? Mit welchen Mitarbeitern bieten wir sie an? Unter welchen rechtlichen, räumlichen und organisatorischen Bedingungen bieten wir die Dienstleistungen an?
- Wie gestalten wir Schnittstellen? Wie dokumentieren wir unsere Prozesse? Wie überprüfen wir die Ergebnisqualität der hauswirtschaftlichen Dienstleistung?
- Wie prüfen wir, ob unsere gesetzten Ziele erreicht wurden?
- Wie trägt die Hauswirtschaft zur ständigen Qualitätsverbesserung der Einrichtung bei?

Fassen Sie die Ergebnisse kurz zusammen und bedenken Sie dabei:

Wer sich ein Hauswirtschaftskonzept anschaut, möchte keinen Roman lesen, sondern sich über die Leitgedanken zur Qualität der Unterkunft und Verpflegung einer Einrichtung informieren.

2 Ziele und Aufgaben der Hauswirtschaft

Hauswirtschaft ist nicht gleich Hauswirtschaft

Wer ein Hauswirtschaftskonzept entwickelt, der plant und definiert hauswirtschaftliche Leistungen. Welche Leistungen die hauswirtschaftliche Abteilung einer Einrichtung anbietet, ist sowohl von der Art der Einrichtung als auch von ihrem Sinn und Zweck abhängig.

Zwar überschneiden sich die hauswirtschaftlichen Aufgaben vieler Einrichtungen, es werden jedoch auch zahlreiche ganz spezifische Leistungen angeboten.

Der Patient im Krankenhaus kann ebenso wie der Gast eines Tagungshauses jeden Morgen mit einem Frühstück rechnen, doch während im Krankenhaus die Diätassistentin spezielle Kostformen zubereitet, bauen die Mitarbeiterinnen des Tagungshauses allmorgendlich ein Frühstücksbüfett auf.

Ziele der Einrichtung

Bevor Sie also die Leistungen der Hauswirtschaft definieren, sollten Sie sich über die Ziele, die Sie mit Ihren hauswirtschaftlichen Leistungen erreichen wollen, klar werden.

Am besten lassen sich hauswirtschaftliche Ziele aus den Zielen der Gesamteinrichtung ableiten. Diese sind in der Regel im Leitbild der Einrichtung, im Hauskonzept oder in den Unternehmensgrundsätzen niedergeschrieben.

Im Leitbild einer Senioreneinrichtung sind beispielsweise die folgenden Ziele formuliert:

Wir wollen

- den alten Menschen in seiner Persönlichkeit akzeptieren und stärken,
- ihm Lebenshilfen im persönlichen und sozialen Bereich geben und ihn begleiten bis zum Tod,
- seine körperliche, geistige und seelische Selbständigkeit so lange wie möglich erhalten oder zu ihrer Wiedererlangung verhelfen,
- ihm fachgerechte Pflege gewährleisten,
- ihm Unterstützung beim Leben mit einer Behinderung geben,
- Hilfe zur Rehabilitation leisten sowie

- die Zusammenarbeit mit Angehörigen, Freunden, Bekannten sowie anderen Berufsgruppen fördern.

Hauswirtschaftliche Leistungen tragen dazu bei, diese Ziele zu erreichen.

Ein Speisenangebot, das sich an den Vorlieben und Gewohnheiten der älteren Generation orientiert, unterstützt das erstgenannte Ziel, den alten Menschen in seiner Persönlichkeit zu akzeptieren und zu stärken ebenso wie die fachgerechte Pflege seiner persönlichen Kleidung und das Schaffen einer hygienisch einwandfreien und doch wohnlichen Atmosphäre in der Einrichtung.

Angebote wie passierte Kost oder Fingerfood geben Unterstützung beim Leben mit Behinderung, das gemeinsames Kuchenbacken oder Zusammenlegen von Wäsche in einer Hausgemeinschaft kann Hilfe zur Rehabilitation leisten.

Beispiele für hauswirtschaftliche Ziele

Sie können Ziele für den Gesamtbereich Hauswirtschaft formulieren oder diese für die einzelnen Leistungsbereiche bestimmen.

Die Vorgehensweise, Ziele für jeden Leistungsbereich zu formulieren ist zwar zunächst etwas aufwändiger, hat aber den Vorteil, dass sich aus den definierten Zielen später leichter konkrete Aufgaben und Leistungsangebote formulieren lassen.

Sie finden hier Beispiele für hauswirtschaftliche Ziele unterschiedlicher Einrichtungen, die sich jeweils auf einen Leistungsbereich der Hauswirtschaft beziehen:

Beispiel aus einem Seniorenheim

Ziele des Dienstleistungsbereichs Wäscheversorgung:

- Die persönlichen Wäsche der Bewohner achten wir als individuellen Ausdruck von Lebensqualität. Wir pflegen sie fachgerecht und sorgen für einen schnellen und vollständigen Rücklauf.
- Die Wäscherei hält Objektwäsche in ausreichender Menge und Qualität vor, sodass Bewohnern und Mitarbeitern jederzeit die erforderliche, fachgerecht gewaschene Wäsche an allen Einsatzorten zur Verfügung steht.

- Die Mitarbeiterinnen der Wäscherei arbeiten wirtschaftlich und ökologisch verantwortlich und tragen so zur Wettbewerbsfähigkeit des Heimes bei.

Beispiel aus einer Behinderteneinrichtung
Für den Bereich Wäscheversorgung gelten folgende Ziele:

- Einhalten der gesetzlichen und sonstigen hygienischen Vorgaben.
- Werterhaltung der Textilien.
- Wahrung der Individualität der Bewohner/innen durch Pflege ihrer persönlichen Wäsche und Kleidung.
- Achtung des Bewohnereigentums und der *Lieblingsstücke.*
- Einsatz hochwertiger, farblich aufeinander abgestimmter Hauswäsche und attraktiver Dienstkleidung als Ausdruck der Atmosphäre im Haus.
- Erhöhung des Wohlbefindens der Bewohner/innen.

Beispiel aus einem Tagungshaus
Ziele des Bereichs Hausreinigung

- Mit einer fachgerechten Reinigung sorgen wir dafür, dass sich unsere Gäste in ihren Räumen und im gesamten Haus wohl fühlen.
- Die Gesundheit der Gäste wird durch eine hygienische Umgebung gefördert. Wir achten dabei jedoch auf eine angenehme Atmosphäre und stellen den Wohncharakter in den Vordergrund. Unsere Gäste sollen sich durch Reinigungstätigkeiten nicht gestört fühlen.

Beispiel aus einer Rehaklinik
Ziel des Dienstleistungsbereiches Hausreinigung:

- Unsere Gäste werden so wenig wie möglich durch die Reinigungsarbeiten in ihrer Privatheit und Tagesstruktur gestört.
- Das Reinigungsergebnis entspricht jederzeit unseren definierten Hygiene-Standards.
- Die Mitarbeiter der Reinigung arbeiten wirtschaftlich, hygienisch und ökologisch verantwortungsbewusst und tragen so zur Wettbewerbsfähigkeit der Rehaklinik mit bei.

- Die Reinigungsleistungen werden so erbracht, dass die Klinik jederzeit externen Qualitätsprüfungen Stand hält.

Beispiel aus einem Tagungshaus
Ziele des Verpflegungsbereichs:

- Das Angebot an Speisen und Getränken orientiert sich an der Struktur und den Wünschen der Gästegruppen.
- Die Gäste haben bei allen Mahlzeiten Auswahlmöglichkeiten.
- Die Mitarbeiter berücksichtigen die aktuellen ernährungsphysiologischen Erkenntnisse.

Beispiel aus einer Senioreneinrichtung
Für den Bereich Verpflegung gelten folgende Ziele:

- Angebot einer ausgewogenen Ernährung.
- Erstellen eines abwechslungsreichen Speiseplans.
- Einsatz von vorwiegend frischen Komponenten.
- Eingehen auf individuelle Bedürfnisse und Wünsche der Bewohner/innen.

Untergliederung der Ziele

Wenn Sie Schwierigkeiten bei der Formulierung von Zielen für Ihre hauswirtschaftlichen Leistungsbereiche haben und zu den Menschen gehören, denen eine Feingliederung beim Formulieren hilft, können Sie versuchen, die Ziele in verschiedene Perspektiven weiter zu untergliedern.

Dabei können Sie sich die Tatsache zunutze machen, dass verschiedene Menschen im Hinblick auf dieselbe Sache ganz unterschiedliche Ziele haben können:

- die Kunden haben, grob gesprochen, das Ziel, möglichst gut versorgt zu werden,
- die Mitarbeiterinnen haben das Ziel, möglichst gute Arbeitsbedingungen anzutreffen und
- die Geschäftsführung hat das Ziel, eine möglichst hohe Qualität bei möglichst geringen Kosten zu erzielen.

Diese höchst unterschiedlichen Perspektiven hat eine Senioreneinrichtung bei der Formulierung der Ziele der verschiedenen hauswirtschaftlichen Leistungsbereiche folgendermaßen berücksichtigt:

Ziele des Bereichs Reinigung

Bewohnerbezogene Ziele

- Bereitstellung von Wohnraum in einem optimalen, hygienisch einwandfreien und angenehm wohnlichen Zustand. Dabei sind ein reibungsloser Ablauf mit Rücksicht auf Bewohnergewohnheiten und ein freundlicher Umgangston selbstverständlich.
- Erhaltung bis Steigerung von Lebensqualität durch Schaffen eines wohnlichen Umfelds.
- Auswahl und Dosierung der Reinigungsmittel müssen gesundheitlich unbedenklich sein.

Mitarbeiterbezogene Ziele

- Gesunderhaltung und Zufriedenheit der Mitarbeiter durch Gewährleistung der Arbeitssicherheit und nach ergonomischen Prinzipien gestaltete Arbeitsplätze.
- Förderung der Mitarbeiter durch Schulungen.

Ziele aus betrieblicher Sicht

- Ökonomischer Arbeitsablauf
  - durch effektive Zeiteinteilung und Zeitnutzung unter Beachtung der Bewohnerinteressen,
  - durch effizienten ressourcenschonenden Einsatz von Wasser, Energie, Reinigungs- und Desinfektionsmitteln,
  - durch sinnvolle Gestaltung der Arbeitsinhalte und Arbeitszeiten,
- Werterhaltung der Ausstattung von Räumen und Einrichtungsgegenständen,
- Gewährleistung hygienisch einwandfreier Räume und Gegenstände,
- Einhaltung von gesetzlichen Vorgaben, wie Gefahrstoffverordnung, Arbeitsschutzgesetz und Richtlinien des Robert-Koch-Instituts.

Ziele des Bereichs Hausgestaltung

Bewohnerbezogene Ziele

- Bewohner/in kann sich räumlich orientieren.
- Bewohner/in kann sich jahreszeitlich orientieren.
- Wohnumfeld wird als angenehm empfunden.
- Bewohner/in fühlt sich wohl.

Mitarbeiterbezogene Ziele

- Schaffen eines angenehmen Wohnumfelds für die Bewohner/innen.
- Schaffen eines angenehmen Arbeitsumfelds für die Mitarbeiter/innen.
- Gut geplante, reibungslose Arbeitsabläufe, klare Zuständigkeiten.

Ziele aus betrieblicher Sicht

- Bedarfsgerechtes Angebot für das Leben und Wohnen im Alter durch das Schaffen einer Atmosphäre des Wohlfühlens.
- Handeln gemäß christlicher Nächstenliebe.
- Einhalten des Budgets bei Transparenz der Kosten.

Ziele des Bereichs Haustechnik

Bewohnerbezogene Ziele

- Sicherheit im Wohnumfeld.
- Hilfe bei Ein-, Um-, Auszug.
- Hilfe bei Reparaturen und handwerklichen Arbeiten.
- Funktionsfähige technische Anlagen.
- Gepflegte Außenanlagen.
- Berücksichtigung der Gewohnheiten und des Tagesablaufs bei Wartungs- und Reparaturarbeiten.
- Regelmäßige und zeitnahe Entsorgung von Müll und Schmutzwäsche.

Mitarbeiterbezogene Ziele

- Angemessene qualitative und quantitative Personalausstattung.
- Wertschätzung der Arbeit, Möglichkeit zur Weiterentwicklung und -bildung.
- Mitarbeiterschutz.
- Rücksichtnahme auf Arbeitsabläufe anderer Berufsgruppen.

Ziele aus betrieblicher Sicht

- Werterhaltung von Gebäuden, technischen Anlagen und Einrichtungen.
- Bereitstellung eines bedarfsgerechten Angebots an Unterstützung bei technischen Problemen und handwerklichen Fragen.
- Systematische, zeitnahe, bedarfsgerechte Organisation der Arbeitsabläufe.
- Einhaltung der gesetzlichen Vorschriften und des Budgets.
- Ressourcenschonende und werterhaltende Ausführung der Arbeiten.

Aufgaben der hauswirtschaftlichen Leistungsbereiche

Als Zwischenschritt zwischen der Definition der Ziele Ihrer Arbeitsbereiche und der Formulierung der Leistungsbeschreibungen können Sie die Aufgaben der Bereiche beschreiben. Quasi *nebenbei* erstellen Sie eine Inhaltsangabe für die Leistungsbeschreibungen.

In unserem Beispiel werden die Aufgaben der Hauswirtschaft in einem Eltern-Kind-Kurheim dargestellt:

Verpflegung

- Vollverpflegung der Gäste.
- Unterstützung der ärztlich angeordneten Therapie.
- Diätberatung.
- Teilverpflegung der Mitarbeiter.
- Bewirtung bei Besprechungen und Veranstaltungen.

Reinigung

- laufende Reinigung der Gästezimmer.
- Grundreinigung bei Gästewechsel.
- Laufende Reinigung und Grundreinigung der Verkehrsflächen, Sanitärbereiche, Büros, Therapie- und Freizeitbereiche.
- Blumenpflege.

Wäscheversorgung

- Bearbeitung der Bettwäsche, Tischwäsche, Frotteewäsche im Gästebereich, sowie privater Wäsche der Gäste bei *Notfällen* und Engpässen.

- Koordination der Vergabe (Bettwäsche, Tischwäsche, Frotteewäsche).
- Bearbeitung der Dienstkleidung, Gardinen und Sonderwäsche (Bezüge von Lagerungskissen etc.).
- Bearbeitung der Reinigungstextilien und der Textilien aus der Zentralküche.

Von den Zielen und Aufgaben zur Leistungsbeschreibung

Mit dem Beschreiben der Ziele und der Aufgaben ist es noch nicht getan.

Hier besteht noch viel Spielraum: Aus dem Einrichtungsziel einer Senioreneinrichtung *die Individualität des Bewohners achten* lässt sich beispielsweise für den Bereich Verpflegung das Ziel *individuelle Essenswünsche der Bewohner achten* ableiten.

In der Praxis kann dieses Achten der individuellen Essenswünsche ganz unterschiedlich umgesetzt werden: Es könnte – zumindest theoretisch – bedeuten, dass ein à la carte-Service angeboten wird. Dies wird sich jedoch keine Senioreneinrichtung leisten können.

Individuelle Essenswünsche achten kann aber auch bedeuten, eine Auswahl aus den Komponenten zweier Gerichte anzubieten und für Bewohner, die bestimmte Gerichte nicht mögen (oder nicht vertragen) Alternativen bereit zu halten.

Um sich wirklich ein Bild über die Leistungen der Hauswirtschaft machen zu können, ist also eine noch genauere Beschreibung der Leistungen erforderlich.

Siehe Kapitel 4, Vergabe oder Eigenleistung.

3 Leistungsbeschreibungen

3.1 Einführung

Hauswirtschaftliche Leistungen beschreiben

Nachdem Sie die Ziele Ihres Bereichs definiert und die Aufgaben der einzelnen Abteilungen festgelegt haben, geht es nun *ans Eingemachte*: die Leistungsbeschreibungen.

Wie der Name schon sagt, beschreiben Sie nun die Leistungen, die Sie mit Ihren Mitarbeitern erbringen.

Wer Ihr Hauswirtschaftskonzept liest, kann sich nach der Lektüre der Leistungsbeschreibungen ein Bild von Ihrer Abteilung machen und weiß, welche Leistungen er erwarten kann und welche nicht.

Falls Sie sich zum ersten Mal mit dem Thema Hauswirtschaftskonzept befassen, könnten Sie mit diesem Kapitel Ihres Konzepts zunächst etwas Schwierigkeiten haben. Hauswirtschaftliche Leistungen sind in der Regel zu komplex und zu vielschichtig, um sie in knappe Worte fassen zu können.

Doch keine Angst! Sie werden schnell feststellen, dass es gar nicht so schwierig ist, die Leistungen der eigenen Abteilung zu beschreiben, wenn man sich vorher eine Struktur schafft.

Schreiben Sie also bitte nicht einfach drauf los, sondern nehmen Sie zunächst ein paar leere Seiten Papier und einen Stift zur Hand und schreiben Sie auf jede Seite den Namen einer Ihrer hauswirtschaftlichen Abteilungen.

Zum Beispiel *Küche, Hausreinigung, Wäscherei* etc.

Listen Sie nun für jede Abteilung in Stichworten auf, welche Leistungen sie anbietet. Versetzen Sie sich dazu in die Situation Ihres Kunden. Was kann er von der entsprechenden Abteilung erwarten? Was bekommt er?

Küche

- Frühstück,
- Mittagessen,
- Abendessen,
- Kaffee und Kuchen,
- Lunchpaket bei Ausflügen,
- Diätberatung.

Reinigung

- tägliche Reinigung des Badezimmers,
- zweimal wöchentliche Reinigung des Gästezimmers,
- tägliche Reinigung der Teeküche, Flure, Gemeinschaftsräume.

Wäscherei

- Wöchentlicher Wechsel und Bearbeitung der Bettwäsche,
- zweimal wöchentlicher Wechsel und Bearbeitung der Handtücher.

Wenn Sie alle Leistungen beschrieben haben, die dem Kunden zugute kommen, überlegen Sie, welche Leistungen die entsprechende Abteilung für andere Kundengruppen erbringt, zum Beispiel für die Mitarbeiter, und welche Leistungen quasi im Hintergrund erbracht werden, ohne dass der *Hauptkunde* etwas davon mitbekommt.

Notieren Sie auch diese Leistungen.

Küche

- Bewirtung bei Besprechungen,
- Mitarbeiterverpflegung,
- Party-Service,
- Bewirtung bei Festen.

Reinigung

- Reinigung von Nebenräumen,
- Grundreinigungen,
- Fensterreinigung,
- Müllentsorgung,
- Blumenpflege.

Wäscherei

- Bearbeitung der Dienstkleidung,
- Moppwäsche,
- Waschen der Küchentextilien,
- Gardinenwäsche.

Sie werden staunen, wie viele Einzelleistungen Sie in kürzester Zeit auf Ihren vormals leeren Seiten aufgelistet haben werden.

Umfang der Leistungsbeschreibungen

Man kann Leistungen detailliert oder weniger detailliert beschreiben. Manchmal ist es nicht ganz einfach, das richtige Maß zu finden.

Halten Sie sich, was die Ausführlichkeit Ihrer Leistungsbeschreibungen betrifft, eher an den Grundsatz *weniger ist mehr*.

Sie erinnern sich: Wer ein Hauswirtschaftskonzept liest, möchte sich über die von Ihnen angebotenen Leistungen informieren, mehr nicht. Er möchte wissen, welche Mahlzeiten Sie anbieten, wie oft Sie Ihre Zimmer reinigen und ob die Wäsche im Haus gewaschen oder an eine externe Großwäscherei gegeben wird.

Verfahrensanweisungen, Prozessbeschreibungen oder Standards, die beschreiben, in welcher Reihenfolge die Gegenstände eines Zimmers gereinigt werden oder welche Wäscheart in welchen Schmutzwäschesack abgeworfen wird, gehören nicht ins Hauswirtschaftskonzept, sondern ins Qualitätsmanagement-Handbuch.

Als Faustregel gilt daher: was Sie im Qualitätsmanagement-Handbuch schon beschrieben haben, können Sie bei der Leistungsbeschreibung getrost weglassen. Verweisen Sie lieber auf die entsprechende Stelle.

Wenn Sie unsicher sind, was in die Leistungsbeschreibung hineingehört und was nicht, können Sie sich an den beigefügten Mustern orientieren.

Abgrenzung zum Qualitätsmanagement

Sicher erinnern Sie sich an die Ableitungen aus Kapitel 2:

- Aus den Zielen der Einrichtung leiten sich die Ziele der hauswirtschaftlichen Bereiche ab.
- Aus den Zielen der hauswirtschaftlichen Abteilungen leiten sich deren Aufgaben ab.
- Aus den Aufgaben leiten sich die Leistungsbeschreibungen ab.
- Aus den Leistungsbeschreibungen leiten sich die Verfahrensanweisungen für die Mitarbeiter ab.

In den Leistungsbeschreibungen des Hauswirtschaftskonzepts wird das „was?“ beschrieben. In den Verfahrensanweisungen, Prozessbeschreibungen und Standards des Qualitätsmanagements beschreiben Sie das „wie?“.

Hier ein Beispiel aus dem Verpflegungsbereich: In der Leistungsbeschreibung Verpflegung (Hauswirtschaftkonzept) eines Tagungshauses finden Sie die folgende zusammenfassende Beschreibung des Verpflegungsangebots:

> *Wir bieten unseren Gästen ein Frühstück in Büfettform, ein warmes Mittagessen, Kaffee und Kuchen und ein kaltes Abendbüfett an.*

Im Qualitätsmanagement-Handbuch im Kapitel Verpflegung finden Sie als Arbeitsanweisung für die Mitarbeiter den folgenden Standard:

Standard für das Frühstücksbüfett

Getränke

- warm:
  - Kaffee, Kaffee coffeinfrei, Milchkaffee, Milchkaffee coffeinfrei
  - Tee (schwarz, Kamille, Fenchel, Malve, Hagebutte, Pfefferminz, Früchte)
  - warme Milch, Kakao
- kalt:
  - Orangensaft, Apfelsaft, Mineralwasser still, Mineralwasser mit Kohlensäure, Milch

Speisen

- Milchbrötchen, Rosinenbrötchen, Mehrkornbrötchen, Roggenbrötchen, Mischbrötchen
- Rosinenbrot, Hefezopf
- Honig, Konfitüren gemischt, Apfelkraut, Nussaufstrich
- Müsli, Joghurt naturbelassen, Joghurt mit Früchten, Quark naturbelassen
- roher Schinken, gekochter Schinken, Frischwurstaufschnitt gemischt, Leberwurst, Streichwurst, Schnittkäse verschiedene Sorten, Frischkäse naturbelassen, Frischkäse mit Kräutern, Brie/Camenbert
- Butter, Margarine, Diätmargarine
- gekochte Eier, Rührei, auf Wunsch Spiegelei

Geschirr

- Frühstücksteller, Glasschälchen, Portionsschälchen
- Messer, Gabeln, große und kleine Löffel
- Tassen, Untertassen, Gläser, Kaffeebecher
- Teekännchen, Kaffeekännchen

Anrichten

- die Getränke stehen in der o. g. Reihenfolge in den entsprechenden Spendern auf der rechten Seite des Büfetts
- die Speisen stehen in der o. g. Reihenfolge in den entsprechenden Kühl- bzw. Wärmebehältern oder Körbchen auf der linken Seite des Büfetts
- das Geschirr steht in der o. g. Reihenfolge in der Mitte des Büfetts

Beispiele für Leistungsbeschreibungen

Sie finden hier nun fünf Beispiele für Leistungsbeschreibungen aus unterschiedlichen Bereichen der Hauswirtschaft und aus fünf unterschiedlichen Einrichtungen:

- Leistungsbeschreibung Hausreinigung eines Eltern-Kind-Kurhauses,
- Leistungsbeschreibung Verpflegung einer Senioreneinrichtung nach dem Hausgemeinschaftsprinzip,
- Leistungsbeschreibung Wäscheversorgung einer Behinderteneinrichtung,
- Leistungsbeschreibung Hausgestaltung einer Reha-Klinik,
- Leistungsbeschreibung Haustechnik eines Tagungshauses.

Sollte Ihr Hauswirtschaftsbereich weitere, hier nicht beschriebene Leistungsbereiche umfassen, können Sie diese in ähnlicher Form beschreiben. Dies wären zum Beispiel der Hol- und Bringdienst in einem Krankenhaus, der Service an der Rezeption eines Seniorenstifts bzw. Kurhauses oder die Seminarorganisation in einem Tagungshaus.

3.2 Leistungsbeschreibung Hausreinigung eines Eltern-Kind-Kurhauses

Grundsatz

Die gesamte Reinigung wird in Eigenleistung erbracht.

Unterstützend werden die Fenster und Rahmen der Einrichtung zweimal pro Jahr von einem externen Glasreinigungsunternehmen gereinigt.

Die bei der Reinigung anfallenden Reinigungstextilien werden täglich nach Arbeitsende im Haus gewaschen und aufbereitet.

Organisation

Die festangestellten Hauswirtschaftskräfte des Kurhauses haben einen jeweils fest zugeordneten Arbeitsbereich. Sie sind zuständig für die Reinigung der Gästeappartements, der Duschen und WCs, der Therapie- und Gruppenräume, Teeküchen und Verkehrsflächen, sowie für das Beziehen der Gästebetten und die Versorgung mit Handtüchern.

Eine teilzeitbeschäftigte (50 %) Hauswirtschaftskraft ist für Näh- und Flickarbeiten, sowie das Waschen der Mopps, Reinigungstücher etc. zuständig.

Hierfür steht im Keller der Einrichtung ein Hauswirtschaftsraum mit Waschmaschine, Trockner, Legetisch, Bügelplatz und Nähplatz zur Verfügung.

Da der Arbeitsanfall im Kurhaus je nach Belegung stark schwankt, werden die festangestellten Hauswirtschaftskräfte von Aushilfen unterstützt. Der Einsatz der Aushilfen erfolgt aufgrund von Erfahrungswerten anhand des Belegungsplans.

Sie erhalten in der Regel zwei Wochen im Voraus einen Einsatzplan von der Hausdame, es kann aber auch vorkommen, dass sie kurzfristig angefordert werden müssen.

Die Reviereinteilung wird in übersichtlichen Grundrissplänen dargestellt.

Alle Hauswirtschaftskräfte und Aushilfen kleiden sich im Hauswirtschafts-Umkleideraum um. Es wird in sauberer, attraktiver Arbeitskleidung mit sicheren Arbeitsschuhen gereinigt.

Reinigungsleistungen

Jedes belegte Gästeappartement wird zweimal pro Woche gereinigt (Unterhaltsreinigung), öffentliche Bereiche (Verkehrsflächen und WCs) und Therapiebereiche täglich. Am Wochenende findet eine eingeschränkte Reinigung der öffentlichen Bereiche, des Arztbereiches sowie der Kinderbetreuungseinrichtungen statt.

Mittwochs, am An- und Abreisetag, finden nach der Reinigung der öffentlichen Bereiche die Grundreinigungen der frei werdenden Gästezimmer, sowie der angrenzenden öffentlichen Flächen statt.

Diese Arbeiten müssen bis 16 Uhr abgeschlossen sein, da ab 16 Uhr die neu eintreffenden Gäste anreisen.

Zur Grundreinigung der Appartements gehört neben dem feucht Abstauben von Möbeln, Schaltern etc. die gründliche Reinigung des Bads, das Saugen des Fußbodenbelags, das Beziehen der Betten und das Auswechseln der Hand- und Duschtücher, sowie der Vorleger.

Darüber hinaus werden die Zahnputzgläser ausgewechselt, die Informationsbroschüre kontrolliert und ggf. ergänzt, sowie ein Obstkorb zur Begrüßung bereitgestellt.

Bei der zweimal pro Woche stattfindenden Unterhaltsreinigung der Appartements werden Griffspuren und sichtbare Verschmutzungen im Bad entfernt, zum Auswechseln deponierte Handtücher ausgetauscht und die Böden gesaugt.

Für alle Reinigungsarten liegen detaillierte Arbeitsanweisungen vor.

Reinigungsmethodik

Im Kurhaus werden Reinigungswagen eingesetzt.

Es wird nach dem Rasant-System und mit einer einheitlichen Reinigungsmittel-Palette gearbeitet, dabei werden getrennte Reinigungstücher für Sanitärbereiche und Zimmer verwendet, die Tücher und Mopps werden nach jedem Zimmer abgeworfen.

Vor Beginn der Reinigungsarbeiten werden Reinigungstücher und Mopps von den Hauswirtschaftskräften vorpräpariert, d. h. in Reinigungslösung getränkt. So entfällt das zeit- und kraftraubende Auswaschen und Auswringen und eine Keimverschleppung über das Reinigungswasser unterbleibt.

Sollten ansteckende Krankheiten auftreten, werden gezielt Flächendesinfektionsmittel eingesetzt. Dies erfolgt auf Anordnung der Hygienefachkraft des Kurhauses.

Die Reinigungsmittel- und Geräte werden im Erdgeschoss im zentralen Lagerraum aufbewahrt. Dieser Raum ist aus Sicherheitsgründen verschlossen zu halten. Er ist mit Licht und einer Entlüftungseinheit ausgestattet.

Reinigungsmittel und Geräte stehen in Regalen oder auf Holzrosten. Die Hauswirtschaftskräfte können sich mit dem Schlüssel Zugang verschaffen.

Maschinelle Ausstattung

Der Hauswirtschaftsbereich ist mit folgenden Gerätschaften für die Reinigung ausgestattet:

- 1 Einscheibenmaschine mit verschiedenen Pads und Bürsten,
- 1 Nasssauger,
- 1 Bürstsaugmaschine,

- 4 Reinigungswagen im Farbsystem bestückt mit Dosierwanne und Twixter Doppelmopp-Halter, Abfallsammelsystem und Schmutzmoppwagen,
- 4 Doppelpressen im Twixtersystem,
- Mikrofaser- und Ledertücher, Bürsten und kratzfreie Schwämme,
- Profi-Fensterreinigungssets,
- 1 Sprühextraktionssauger,
- 1 Kessel-Bodensauger.

Qualitätskontrolle

Die Kontrolle der zu erbringenden Reinigungsleistungen wird stichprobenartig anhand von Checklisten durchgeführt und dokumentiert. Dies ist Aufgabe der Hausdame. Darüber hinaus kontrolliert die Hausdame die Zimmergrundreinigungen und gibt die neu zu belegenden Appartements frei.

Kommunikation

Alle zwei Monate finden Dienstbesprechungen im Bereich Hausreinigung statt. Teilnehmer/innen sind die festangestellten Hauswirtschaftskräfte, die diensthabenden Aushilfen und die Hausdame.

Die Ergebnisse der Dienstbesprechungen werden protokolliert.

Einarbeitung neuer Mitarbeiter/innen

Neue Mitarbeiterinnen und Aushilfen werden von der Hausdame in ihr Tätigkeitsfeld eingewiesen. Hierfür existiert ein Einarbeitungskonzept. Es umfasst folgende Punkte:

- Allgemeine Informationen zum Kurhaus,
- Arbeitsorganisation in der Hauswirtschaft,
- Tagesablauf,
- Arbeitsanweisungen.

3.3 Leistungsbeschreibung Verpflegung einer Senioreneinrichtung nach dem Hausgemeinschaftskonzept

Grundsatz

Die Speisenversorgung wird grundsätzlich über die zentrale Großküche organisiert.

Die Küchenzeilen in den dezentralen Wohnküchen sind so eingerichtet, dass Teilkomponenten wie zum Beispiel einfache Desserts, Salate oder eine warme Abendessenkomponente vor Ort mit den Bewohner/innen zubereitet werden können.

Dies ist jedoch nicht die Regelversorgung, sondern als Einzelaktion im therapeutischen Sinne gedacht.

Frühstück und Abendessen werden von den Präsenzkräften vor Ort zubereitet, die Komponenten werden in der Großküche angefordert.

Kostformen

Es werden folgende Kostformen angeboten:

- Vollkost,
- leichte Vollkost,
- pürierte und teilpürierte Kost,
- vegetarische Kost.

Darüber hinaus bereiten wir bei Bedarf Sonderkostformen zu, wie zum Beispiel:

- diabetikergeeignete Kost,
- purinarme Kost,
- natriumarme Kost,
- Reduktionskost,
- Flüssigkost,
- Wunschkost für Schwerkranke/Sterbende,
- rezeptierte Sondenkost (wird nicht im Haus produziert).

Mahlzeiten

Wir bieten unseren Bewohnern folgende Mahlzeiten an:

- Frühstück und 2. Frühstück,
- Mittagessen,

- Nachmittagskaffee,
- Abendessen,
- Spätmahlzeit.

Selbstverständlich haben die Bewohner jederzeit zwischen den Mahlzeiten und nachts die Möglichkeit, Zwischenmahlzeiten zu sich zu nehmen.

Alkoholfreie Getränke (einschließlich Säfte) werden jederzeit kostenfrei angeboten, alkoholische Getränke können im Kaffeestübchen erworben werden.

Besondere Angebote

Zu Feiertagen, traditionellen Anlässen, Festveranstaltungen etc. bietet unsere Küche besondere, meist traditionelle Gerichte und Getränke an.

Feiertage und traditionelle Anlässe

1. Januar:	Neujahr: *Neujährchen* (Glücksbringer aus Schokolade oder Marzipan) Neujahrsbrezel zum Frühstück
6. Januar:	Heilige drei Könige: festliches Menü, Präsente für Sternsinger
Mittwoch vor Weiberfastnacht:	Berliner und Getränke zur Karnevalssitzung
Karneval:	Berliner zur Karnevalssitzung am Mittwoch und an Weiberfastnacht Rosenmontag und Veilchendienstag Krapfen
Aschermittwoch:	Fischgericht
Karfreitag:	Fischgericht
Osterfeiertage:	festliches Menü, bunte Eier, Osterbrot
Ostersonntag :	Osterkörbchen
1. Mai :	Maikäfer, Maibowle, Spargel
Muttertag:	festliches Menü mit Spargel, Wein
Sommerfest:	Waffeln mit heißen Kirschen und Sahne
15. August :	Maria Himmelfahrt: festliches Mittagessen, Wein
11. November:	St. Martin: Weckmann
Adventssonntage:	Stollen zum Frühstück

6. Dezember:	Nikolaus: Wichtel (Hefegebäck), Glühwein zum Abendessen
Nikolausfeier:	Gebäcktüte oder Schokoladen-Nikolaus
Adventsfeiern der Wohnbereiche:	Weihnachtsgebäck, Kuchen, Stollen, Wein
Bewohnerweihnachtsfeier:	Schnittchen, besonderer Salat, Wein
25. und 26.12.:	1. und 2. Weihnachtstag: festliches Menü, Wein, Plätzchentüte, Weihnachtsbrot
31. Dezember:	Silvester: Glühwein zum Abendessen

Saisonale Besonderheiten
Im Speiseplan werden die folgenden saisonalen Besonderheiten berücksichtigt (Beispiele):

Januar/Februar	Matjesspezialitäten
März/April	Lammspezialitäten
April	Geflügelspezialitäten
Mai	Maischolle/Maibowle
Mai/Juni	Spargel
Juni	Erdbeeren/Rhabarber
September	Fischspezialitäten
September/Oktober	Zwiebelkuchen/Federweißer
Oktober/November	Wildspezialitäten
November/Dezember	Gänsespezialitäten

Es werden darüber hinaus mindestens vier Aktions- (Motto-) Tage pro Jahr durchgeführt.

Sonstige Angebote
Geburtstag:
Für den jeweiligen Bewohner wird ein Geburtstagsteller an seinem Essplatz aufgestellt (mit Glückwunschkarte des Hauses), der Essplatz wird mit frischen Blumen (nach Saison aus dem hauseigenen Garten) dekoriert.

für Schwerstkranke/Sterbende:
Für den Bewohner wird Wunschkost zubereitet, Angehörige, die den Sterbenden begleiten wollen, werden kostenfrei verpflegt.

Sonderwünsche:
Sonderwünsche, zum Beispiel aus religiösen Gründen, werden im Rahmen der Möglichkeiten der Küche berücksichtigt.

Gegen gesonderte Berechnung können Bewohner für private Veranstaltungen Kaffee und Kuchen, Menüs, Büfetts etc. bestellen. Dasselbe gilt für Mitarbeiter.

Mittagstisch:
Mitarbeiter und Gäste können am Mittagstisch teilnehmen. Hierfür werden an der Rezeption Essenmarken verkauft. Es ist eine Voranmeldung bis 10 Uhr erforderlich.

Mitarbeiterfortbildungen:
Während der Veranstaltung werden Getränke, in den Pausen ein Mittagessen, sowie Kuchen/Gebäck angeboten.

Angehörigenabend:
Es werden Kaltgetränke angeboten.

Besprechungen im Haus:
Bei Besprechungen werden Kaffee, Tee, Kekse und Kaltgetränke angeboten.

Kaffeestübchen

Im Kaffeestübchen werden selbstgebackene und zugekaufte Kuchen und Torten, belegte Brötchen, Süßigkeiten, Eis, kalte und warme Getränke, Kaffeespezialitäten sowie alkoholische Getränke angeboten.

Es hat täglich von 14 bis 17 Uhr geöffnet.

Alkoholfreie Getränke sowie der Tageskuchen bzw. Kleingebäck sind für Bewohner kostenfrei. Für Gäste existiert eine Preisliste.

Verkaufswagen

Im Verkaufswagen werden Kioskartikel angeboten. Dienstagvormittags fahren Mitarbeiter der Hauswirtschaft mit interessierten Bewohnern und/oder Angehörigen die Wohnbereiche ab, um diese Artikel zu verkaufen. Donnerstags steht der Verkaufswagen zu den Bürozeiten in der Verwaltung, er wird dort von den Verwaltungsmitarbeitern und ggf. interessierten Bewohnern betreut.

Der Einkauf der Artikel erfolgt über die Großküche.

Versorgung und Betreuung in der Wohnküche

Während der Mahlzeiten sind mindestens eine Präsenzkraft und ein weiterer Mitarbeiter in der Wohnküche anwesend, um die Betreuung der Bewohner/innen sicherzustellen.

Es ist in der Wohngruppe für einzelne Bewohner zulässig, auch ohne Besteck zu essen, wenn die Gesundheit oder die Biografie dies erfordern. Grundsätzlich sollen Mitarbeiter die üblichen kulturellen Gepflogenheiten vermitteln.

Gespült wird dezentral, hierfür ist jede Küchenzeile mit einer gewerblichen Spülmaschine ausgestattet. Gastronormbehälter werden zurück in die Großküche transportiert und dort zentral gespült.

Reste, die sich nach den Mahlzeiten noch in den GN-Behältern befinden, werden mit zurück in den unreinen Bereich der Großküche transportiert und dort entsorgt. Alle anderen in der Wohngruppe anfallenden Lebensmittelreste werden pro Wohngruppe gesammelt und nach dem Mittagessen in einem speziellen gekühlten Müllbehälter im zentralen Müllraum entsorgt. Restmüll, Kartonagen etc. werden einmal täglich von der Präsenzkraft in den zentralen Müllraum gebracht. Die weitere Entsorgung ist Aufgabe der Haustechnik.

Für die **Bestellung** des Stationsbedarfs (Haferflocken, Milch, Zucker etc.), sowie der Komponenten für Frühstück, Abendessen und Zwischenmahlzeiten existiert eine Bestellliste, die Bestellung erfolgt per E-Mail an die Großküche (durch die Präsenzkraft). Die Belieferung findet zweimal pro Woche mit dem Mittagessen statt.

Frühstücks-Brötchen liefert der Bäcker täglich am Lebensmittellager an, er hat hierfür einen Schlüssel.

Für die Bestellung des Mittagessens steht der Präsenzkraft der komplette Speiseplan zur Verfügung, die Meldung muss *heute für heute* bis 8 Uhr per E-Mail an die Küchenleitung gehen. Sollen Komponenten im Rahmen einer therapeutischen Maßnahme selbst hergestellt werden, können diese als Rohware oder Convience-Produkt in der Großküche bestellt werden.

Lebensmittel, die in der Wohngruppe verarbeitet werden, werden durch die Präsenzkraft aus der Großküche abgeholt, *normale* Mittagessenkomponenten werden durch den Hol- und Bringedienst angeliefert.

Kalte und warme Komponenten des Mittagessens werden in geschlossenen Transportwagen (Bain Marie mit Kühlfach) vom Hol- und Bringedienst in die Wohngruppen gebracht. Desserts und Salate werden in Schüsseln gekühlt angeliefert und von der Gruppe selbst portioniert.

Kuchen und Gebäck werden mit dem Mittagessen angeliefert, alle anderen Komponenten für den Nachmittagskaffee sind vor Ort (*Stationsbedarf*).

Warme Abendessenkomponenten werden von den Präsenzkräften selbst in der Großküche abgeholt. Kalte Abendbeilagen werden mit dem Mittagessen im Kühlfach des Transportwagens mitgeliefert.

Kalt- und Heißgetränke stehen den Bewohner/innen jederzeit in ausreichender Menge kostenfrei zur Verfügung.

Für Kaltgetränke existiert auf jeder Etage ein Lager, das vom Getränkelieferanten einmal wöchentlich anhand einer Standardliste aufgefüllt wird. Gleichzeitig wird das Leergut entsorgt. Die Entnahme aus dem Lager sowie der Transport des Leerguts ins Lager ist Aufgabe der Präsenzkraft.

Heißgetränke werden vor Ort produziert, die erforderlichen Komponenten zählen mit zum *Stationsbedarf*.

Ein Konzept zur Vorbeugung von Mangelernährung wird erarbeitet (Zusatznahrung, Fingerfood, BMI, Trink- und Essprotokolle, Energiebilanzen etc.).

Um Informationen über Diäten und Sonderkostformen aus erster Hand zu erhalten, ist die Präsenzkraft bei der Heimaufnahme dabei und hält alle ernährungsrelevanten Aspekte fest. Diese Informationen werden in der Pflegedokumentation hinterlegt und per E-Mail an die Küchenleitung weitergegeben.

Die Präsenzkraft kann für sich und/oder Bewohner Ernährungsberatung durch die Küchenfachkräfte per E-Mail anfordern.

3.4 Leistungsbeschreibung Wäscheversorgung einer Behinderteneinrichtung

Folgende Wäschearten werden auf den Wohngruppen selbst bearbeitet:

- Oberbekleidung,
- Strümpfe,
- Wolldecken,
- Unterwäsche,
- Nachtwäsche.

Folgende Wäschearten werden an die einrichtungseigene Großwäscherei vergeben:

- Bettwäsche,
- Tischwäsche,
- Kissen und Einziehdecken,
- Frotteewäsche,
- Gardinen,
- Reinigungstextilien,
- Berufsbekleidung.

Wäschebestand der nicht- bewohnerbezogenen Textilien:

- 1 x im Gebrauch,
- 1 x zum Tauschen,
- 1 x in der Schmutzwäsche,
- 1 x in der Wäscherei.

Textilreinigung
Die Bewohner können gegen Rechnung Kleidungsstücke gezielt zur Reinigung geben.

Wäschesortierung

Wäscheart	Farbe des Streifens auf dem Wäschesack	Wäscheteile
Kochwäsche Großwäscherei	gelb	Bettwäsche, Handtücher, Badetücher, Waschhandschuhe, Tischwäsche, Küchentücher
Sonst. Wäsche Großwäscherei	braun	Berufsbekleidung, Gardinen, Reinigungstextilien, Kissen und Einziehdecken
30 °C	orange	Oberbekleidung, Strümpfe, Wolldecken
60 °C	grün	Unterwäsche, Nachtwäsche

Gardinen

In allen Wohn- und Arbeitsräumen werden mindestens einmal jährlich und bei Bewohnereinzug die Gardinen in der Großwäscherei gewaschen. Die Terminkoordination wird von den Mitarbeiterinnen der Großwäscherei vorgenommen.

Sie nehmen die Gardinen ab und bringen sie in die Großwäscherei. Dort werden sie im Schonwaschgang bei 30 °C gewaschen und (ebenfalls von den Mitarbeiterinnen der Großwäscherei) wieder auf die Wohngruppe gebracht. Sie reinigen die Gardinenstange, ersetzen ggf. fehlende Vorhangröllchen und hängen die Gardinen feucht auf.

Verwendete Waschmittel

Produktname	Einsatzbereich	Waschtemperatur in °C
auf den Wohngruppen:		
Blütenweiß	Vollwaschmittel	30, 60, 90
Farbenfroh	Buntwaschmittel	30, 60
Flauschigzart	Wollwaschmittel	30
in der Großwäscherei:		
Blütenweiß professional	Vollwaschmittel	30, 60, 90
Blütenweiß hospi	Desinfektionswaschmittel	60, 90
Farbenfroh professional	Buntwaschmittel	30, 60
Farbenfroh hospi	Desinfektionswaschmittel	40
Flauschigzart professional	Wollwaschmittel	30

Die entsprechenden Sicherheitsdatenblätter sind laminiert und auf der unreinen Seite der Großwäscherei ausgehängt. Im Hauswirtschaftshandbuch jedes Wohnbereichs befinden sich Kopien der Sicherheitsdatenblätter aller Waschmittel, die dort eingesetzt werden.

Wäschekreislauf

Siehe Seiten 44 und 45

Wäschekennzeichnung

Die Wäschekennzeichnung ist eine wichtige Voraussetzung für einen schnellstmöglichen, sicheren und reibungslosen Frischwäscherücklauf.

Wir kennzeichnen sämtliche Wäscheteile, die nicht einzelnen Bewohnern zugeordnet sind, mit dem Kürzel des Wohnbereichs. Bewohnereigene Wäsche wird mit Namen und Vornamen des Bewohners gekennzeichnet.

Darüber hinaus erhält zur leichteren Auswahl des Waschprogramms grundsätzlich jedes Kleidungsstück einen entsprechenden Farbpunkt (Patch), der angibt, welche Waschtemperatur das entsprechende Kleidungsstück verträgt.

Wäschekreislauf
Wäsche für Großwäscherei

Ablauf	verantwortlich	Bemerkungen
Start	Betreuer Bewohner	
Sortierung der Schmutzwäsche	Betreuer Bewohner	Wäschesortierung siehe aushängender Wäschesortierplan
Wäschesäcke einsammeln, im Rollcontainer sammeln	Bewohner	Di und Fr
Rollcontainer im unreinen Bereich der Großwäscherei abstellen	Bewohner	Di und Fr
Abholen der Rollcontainer mit Frischwäsche, Transport zur Wohngruppe	Bewohner	Di und Fr
Frischwäschepakete in der Wohngruppe deponieren	Bewohner	Di und Fr
Lieferung der Wäsche ok? – nein: Reklamation und Rücksendung; ja: weiter	Betreuer	
Wäsche sortieren und in die Schränke einräumen	Betreuer Bewohner	Di und Fr
Ende		

Wäschekreislauf
Hauswäsche

Ablauf	verantwortlich	Bemerkungen
Start	Betreuer Bewohner	
Sortierung der Schmutzwäsche	Betreuer Bewohner	Wäschesortierung siehe aushängender Wäschesortierplan täglich
Transport zur Waschmaschine	Betreuer Bewohner	
Wäschesäcke entsprechend Farbentrennung in Waschmaschine geben	Betreuer Bewohner	Pflegeetiketten und Farbpatches beachten
Waschen der Wäsche	Betreuer Bewohner	Waschmittel entsprechend Dosiervorgaben
Trocknen der Wäsche	Betreuer Bewohner	
Bügeln? – ja: Bügeln der Wäsche; nein: weiter	Betreuer Bewohner	Pflegeetiketten beachten
Falten und Sortieren der Wäsche	Betreuer Bewohner	
Wäsche in Schrank einräumen	Betreuer Bewohner	
Ende		

3.5 Leistungsbeschreibung Hausgestaltung einer Reha-Klinik

Raumgestaltung

Das Raumangebot orientiert sich an den Bedürfnissen unserer Gäste, das bedeutet, dass sowohl die öffentlichen Bereiche als auch die Zimmer und Bäder rollstuhlgerecht ausgestattet sind.

Die Zimmer sind funktionsbezogen, aber gemütlich eingerichtet. Erforderlichenfalls stellt die Einrichtung Pflegebetten zur Verfügung.

Alle Räume sind mit einer Notrufmöglichkeit, sowie mit Brand- bzw. Rauchmeldern ausgestattet.

Die Zimmer verfügen über einen Telefon- und einen TV-Anschluss.

Auf jeder Etage stehen den Gästen zwei Aufenthaltsräume zur Verfügung, die wohnlich eingerichtet sind.

Die Einrichtung bietet ein Hausrestaurant mit ebenfalls zielgruppenorientierter Ausstattung.

Die Raumtemperatur der genutzten Räume liegt bei 20 °C.

Dekoration/Atmosphäre

Im Eingangsbereich stehen jahreszeitlich orientiert frische Blumen, in den Fluren und Aufenthaltsräumen Topfpflanzen.

Von Mai bis Oktober sind die Balkons sommerlich bepflanzt.

Im Hausrestaurant stehen auf jedem Tisch kleine Vasen mit Schnittblumen. Pflanzen, Übertöpfe und Vasen werden regelmäßig gepflegt.

Jahreszeitliche Gestaltungselemente zu Weihnachten, Ostern, Ferienzeit etc. prägen die Atmosphäre im Haus.

Im Eingangsbereich wechseln drei Mal jährlich Ausstellungen von heimischen Künstlern.

Sicherheit und Orientierung

Das Haus ist mit allen feuerschutzrechtlichen Vorrichtungen, wie zum Beispiel Rauchmeldern, Feuerlöschern, Feuerschutztüren und beschilderten Fluchtwegen versehen.

Verkehrswege und Eingangsbereich sind bis 22 Uhr automatisch beleuchtet, danach reagieren die Beleuchtungskörper auf Bewegungsmelder.

Textile und nicht-textile Fußbodenbeläge sind ohne Rutsch- und Stolpergefahr verlegt.

Im gesamten Haus sind Wegweiser aufgestellt, alle Räume sind beschildert.

3.6 Leistungsbeschreibung der Haustechnik eines Tagungshauses

Gebäude- und Geländesicherheit

Der Bereich Haustechnik ist im Wesentlichen dafür verantwortlich, das Gelände, das Gebäude sowie die Räumlichkeiten und deren Ausstattung in Ordnung zu halten und für die technische Sicherheit mit zu garantieren. Durch eine gepflegte Gartenanlage bzw. durch die zeitnahe Erledigung von notwendigen oder gewünschten Reparaturen trägt die Haustechnik maßgeblich zur Zufriedenheit der Gäste bei. Darüber hinaus ist Sicherheit auf dem Gelände und im Gebäude des Tagungshauses entscheidend für die Bewegungsfreiheit der Gäste. Hierbei sollten auch besondere Vorkehrungen (Handläufe, barrierefreie Wege für Rollstuhlfahrer etc.) für beeinträchtigte und ältere Menschen Berücksichtigung finden.

Technische Anlagen

Die Wartung und rechtzeitige Nachrüstung der haustechnischen Anlagen (Heizung-, Sanitär- und elektrische/elektronische Anlagen) entsprechend aktueller Notwendigkeiten sind unabdingbar zur Aufrechterhaltung aller Dienste eines Tagungshauses.

Durch regelmäßige Wartungen und Kontrollen der Haustechnik werden:

- rechtzeitig Schäden am Gebäude erkannt,
- die Funktionsfähigkeit der technischen Einrichtung gewährleistet,
- die Werterhaltung der technischen Ausstattung gewährleistet,
- mögliche Unfallgefahren rechtzeitig erkannt.

Hierzu werden Kontrollgänge anhand von Checklisten täglich, wöchentlich, monatlich, vierteljährlich und jährlich durchgeführt. Auch werden Wartungsarbeiten nach einem aufgestellten Wartungsplan durchgeführt und dokumentiert.

Für einige technische Anlagen (Brandmeldeanlage, Telefonanlage, Heizung, Emissionsmessung, Kochgruppe) bestehen Wartungsverträge, deren Einhaltung und Überwachung obliegt der Haustechnik ebenso wie die Veranlassung der jährlichen elektrischen Betriebsprüfung der technischen Einrichtungen.

Technischer Notdienst

Der Technische Notdienst steht außerhalb der normalen Arbeitszeit zu folgenden Zeiten zur Verfügung:

- Montag bis Donnerstag von 16.00 Uhr bis 7.15 Uhr,
- Freitag von 14.30 Uhr bis 7.15 Uhr,
- Samstag, Sonntag und an Feiertagen rund um die Uhr.

Der Notdienst wird durch den eigenen Technischen Dienst gewährleistet. Die Mitarbeiter haben wechselnden Rufbereitschaftsdienst.

Im Notfall fordern die jeweils anwesenden leitenden Kräfte den Technischen Notdienst an. Die Rufnummer des Notdienstes ist durch Aushang in allen Bereichen bekannt.

Der Notdienst ist innerhalb von 30 Minuten vor Ort.

Wenn erforderlich, verständigt der Notdienst andere Fachfirmen, die eine Rufbereitschaft gewährleisten. Diese Fachfirmen sind insbesondere bei Störungen an den Fahrstühlen, an der Heizungsanlage und an der Telefonanlage rund um die Uhr erreichbar.

Brandschutz

Unter Brandschutz subsumiert man alle Maßnahmen, die zur Vermeidung und zur Bekämpfung von Bränden dienen. Für das Tagungshaus ist ein hochwertiger Brandschutz unverzichtbar. Die Verantwortung für die durchzuführenden Maßnahmen liegt bei der Hausleitung, die Durchführung ist eindeutig geregelt.

Eckpunkte sind:

- Minimierung der möglichen Brandgefährdung,
- sicherer Umgang mit brandgefährdeten Materialien,
- sicherer Umgang mit Brandbekämpfungsmitteln,
- umfassende Kenntnisse der Mitarbeiter über Schutzmaßnahmen, Fluchtwege und Notfallmaßnahmen.

Die Menschen, die in der Einrichtung arbeiten oder zu Gast sind, sollen sich wohl und sicher fühlen, deshalb wird dem vorbeugenden Brandschutz eine hohe Aufmerksamkeit gewidmet. Materialien und Einrichtungen sind so beschaffen, dass von ihnen keine oder nur eine kleinstmögliche Gefahr ausgeht. Die einwandfreie Funktion von Geräten, Aggregaten und sonstigen technischen Einrichtungen ist eine sicherheitsrelevante Voraussetzung. Deshalb werden laufend Kontrollen gemäß einer aufgestellten Kontrollliste durch die Haustechnik durchgeführt oder überwacht.

Um Bränden vorzubeugen und bei einem Brand richtiges Handeln sicherzustellen werden alle Mitarbeiter regelmäßig durch den Sicherheitsbeauftragten in der Haustechnik geschult und unterwiesen. Außerdem werden in allen Hausbereichen kontinuierlich Brandschutzhelfer ausgebildet.

Baumaßnahmen

Unser Tagungshaus steht unter Denkmalschutz. Daher besteht ein guter Kontakt zum Amt für Bau- und Kunstpflege.

Für Material und Leistungen von Fremdhandwerkern existiert ein Budget, das einmal jährlich von Wirtschaftsleitung und Haustechnik abgestimmt und festgelegt wird.

Im Rahmen ihrer Möglichkeiten führt die Haustechnik kleinere Baumaßnahmen selbst durch. Darüber hinaus gehende Projekte werden an Fremdfirmen vergeben.

Seminartechnik

Mit zu den Aufgaben der Haustechnik gehört die Bereitstellung der Medien sowie die Bestuhlung der Seminarräume, die Durchführung von Kopier- und Druckarbeiten für Dozenten und Verwaltung, die Entgegennahme und Lagerung des Büromaterials, das Frankieren der Ausgangspost sowie die Versorgung der Teeküchen mit frischen Gläsern, Teebechern und Getränken, sowie die Abrechnung der Getränke.

In diesem Bereich werden vor allem Zivildienstleistende eingesetzt.

Pflege der Außenanlagen

Der Technische Dienst begeht das Gelände mindestens einmal im Monat.

Bepflanzung

Der Schwerpunkt dieser Arbeiten liegt insbesondere im Frühjahr, aber auch im Herbst eines jeden Jahres.

Es werden Pflanzarbeiten mit zum Beispiel Zwiebelpflanzen und Narzissen durchgeführt, es wird Rasen gesät. Gepflegt und geschnitten werden Bäume, Hecken, Rosen, Efeu und Gras. Außerdem ist die Beseitigung von Unkraut ein wesentlicher Bestandteil der Arbeit.

Ferner wird die Dachterrasse gepflegt und von Unkraut befreit.

Im Sommer werden die Pflanzen bewässert.

Wege, öffentliche Aufenthaltsbereiche

Wege und öffentliche Aufenthaltsbereiche werden wöchentlich gereinigt und ggf. von Unkraut und Moos befreit. Darüber hinaus wird mindestens einmal jährlich ein Hochdruckgerät zur Reinigung eingesetzt.

Um Stolpergefahren zu beseitigen, werden Wege und Wegplatten unmittelbar repariert.

Winterdienst

Für das Schneeräumen und Streuen besteht ein Dienstleistungsvertrag mit einem externen Hausmeisterservice.

Entsorgungsarbeiten

In unserem Tagungshaus wird auf Müllvermeidung und Mülltrennung geachtet.

Entsorgung von Altpapier und Kartonagen

Der Technische Dienst transportiert einmal wöchentlich Altpapier und Kartonagen in zwei Altpapiercontainer, die sich auf dem Gelände befinden.

Die städtische Müllabfuhr leert diese Container einmal wöchentlich.

Entsorgung von Altglas

Der Technische Dienst entsorgt einmal wöchentlich Altglas bei öffentlichen Sammelstellen in unmittelbarer Nähe des Tagungshauses.

Entsorgung von sonstigen Abfällen

Abfälle aus den Büros und aus Müllbehältern, die sich in den öffentlichen Bereichen in des Hauses befinden, entsorgt das Personal des Reinigungsdienstes. Diese Abfälle werden zu einer Müllsammelstelle im Untergeschoss gebracht. Der Technische Dienst transportiert diesen Abfall von Montag bis Samstag täglich in die großen Müllcontainer, die sich auf dem Gelände befinden.

Abfälle aus den Müllbehältern, die sich auf dem Außengelände befinden, entsorgt der Technische Dienst alle zwei Wochen in die sich auf dem Gelände befindenden großen Müllcontainer.

Die städtische Müllabfuhr leert die Müllcontainer einmal wöchentlich.

4 Vergabe oder Eigenleistung

4.1 Einführung

Bisher sind wir in unseren Betrachtungen stets davon ausgegangen, dass Sie in Ihrer Einrichtung alle hauswirtschaftlichen Dienstleistungen selbst erbringen und keine Leistungen vergeben haben.

In der Praxis sieht das natürlich ganz anders aus.

Viele hauswirtschaftliche Dienstleistungsbetriebe entscheiden sich – aus den verschiedensten Gründen – für eine Vergabe oder Teilvergabe hauswirtschaftlicher Leistungen.

Dabei haben sich ganz unterschiedliche Vergabemodelle entwickelt.

4.1.1 Vergabe von *klassischen* hauswirtschaftlichen Leistungen

4.1.1.1 Reinigung

Die hauswirtschaftliche Dienstleistung, für die es wohl die größte Zahl an Anbietern gibt, ist die Gebäudereinigung. Das Spektrum reicht von Kleinstbetrieben über Familienbetriebe mit mehreren Angestellten bis hin zu Konzernen mit zahlreichen Niederlassungen.

Sie übernehmen in Tagungsstätten, Krankenhäusern, Rehakliniken, Alten- oder Behinderteneinrichtungen usw. die Reinigung des Gesamthauses oder einzelner Raumgruppen.

Krankenhäuser überlassen beispielsweise häufig die routinemäßige Reinigung der Patientenzimmer, Verkehrsflächen und Nebenräume einer Reinigungsfirma, übergeben die hygienisch sensible Reinigung und Desinfektion von OP-Bereichen jedoch an eigenes Personal, das zumeist unter der Anleitung und Aufsicht einer Hygienefachkraft arbeitet.

Altenhilfeeinrichtungen hingegen nehmen gern die Reinigung der sogenannten *bewohnernahen* Flächen, also die Zimmer der Bewohner, selbst in die Hand, während *anonyme* Flächen wie Verkehrsflächen sowie Dienst- und Nebenräume von externen Kräften gereinigt werden.

In Tagungshäusern, in denen die Belegung stark schwanken kann und die Personaldisposition schwierig wird, wird ähnlich verfahren: Räume, die täglich zu reinigen sind wie Treppenhäuser, Flure oder Sanitärbereiche werden vom Stammpersonal bearbeitet, wohingegen die Zimmerreinigung an einen Reinigungsdienst vergeben ist. Sie wird dann in Form einer Pauschale pro gereinigtem Zimmer abgerechnet.

4.1.1.2 Verpflegung

Im Verpflegungsbereich existiert eine Vielzahl von Möglichkeiten, Leistungen zu vergeben.

Klassisches Catering bedeutet, dass ein Dienstleister in den Räumen des Auftraggebers die Verpflegungsleistungen übernimmt. Dabei kann entweder das gesamte Personal beim Dienstleister angestellt sein oder *nur* die Küchenleitung, während die anderen Mitarbeiterinnen Angestellte des Auftraggebers sind. Da hier lediglich das Management des Verpflegungsbereichs vergeben ist, spricht man in diesem Fall von einem *Managementvertrag*.

Darüber hinaus besteht die Möglichkeit, dass eine Großküche einer Einrichtung die Verpflegungsleistungen für eine andere mit übernimmt und die fertigen Speisen und/oder Komponenten anliefert. In der belieferten Einrichtung existiert dann lediglich noch eine Verteilerküche.

Mittlerweile gibt es schon zentrale Großküchen *auf der grünen Wiese*, die keiner Einrichtung mehr angeschlossen sind, sondern für die unterschiedlichsten Kunden Speisen produzieren, verpacken und anliefern.

4.1.1.3 Wäschepflege

Die am häufigsten vergebene Leistung im hauswirtschaftlichen Bereich ist die Wäschepflege.

Auch hier finden sich die verschiedensten Modelle und die unterschiedlichsten Unternehmen vom Familienbetrieb bis hin zu europaweit agierenden Unternehmensverbünden.

Wäschereimaschinen sind teuer und benötigen viel Platz, daher lohnt sich die Bearbeitung von Textilien in kleinen Stückzahlen für die meisten Einrichtungen nicht.

Flachwäsche wie Bettwäsche, Frotteewäsche und Tischwäsche wird in den meisten Krankenhäusern, Tagungseinrichtungen und Heimen an externe Dienstleister vergeben.

Eine Variante der Vergabe von Wäschereileistungen ist das Wäscheleasing. Dabei bearbeitet der Dienstleister nicht die Wäsche, die dem Auftraggeber, also der Einrichtung oder seinem Kunden gehört, sondern er stellt der Einrichtung Textilien zur Verfügung, der der Kunde nutzt und zur Bearbeitung an die Wäscherei zurückgibt.

Der Vorteil dieser Variante ist, dass die Einrichtung nicht selbst in die Beschaffung von Textilien investieren muss und sich nicht darum kümmern muss, Wäsche nachzukaufen. Natürlich sind die Kosten für die Bearbeitung in diesem Fall höher, da sich die Investition der Wäscherei in die Textilien ja rechnen muss.

Üblich ist das Wäscheleasing bei Bettwäsche, Tischwäsche, Frotteewäsche, Gardinen und mehr und mehr auch bei Dienstkleidung.

Bei der Bearbeitung der bewohnereigenen Wäsche hingegen entscheiden sich viele Alten- und auch Behindertenheime für die Eigenleistung, da neben wirtschaftlichen auch psychologische Aspekte die Entscheidung *Vergabe oder Eigenleistung* beeinflussen. Gerade viele Senioren fühlen sich wohler, wenn sie wissen, wer ihre private Kleidung in die Hand nimmt. Sie möchten auch einmal in die Wäscherei gehen können und sehen, was mit ihrer Wäsche passiert.

4.1.2 Vergabe anderer Leistungen

Neben den oben genannten Reinigungs-, Verpflegungs- und Wäschereileistungen können auch andere Einzelleistungen vergeben werden:

Kleine Einrichtungen, für die sich ein Hausmeister nicht lohnt, vergeben technische Dienste wie Wartung von elektrischen Anlagen, Reparatur- oder Renovierungsarbeiten, aber auch Winterdienste, Wachdienste und die Pflege der Außenanlagen.

In großen Krankenhäusern sind häufig Hol- und Bringdienste vergeben. Die Mitarbeiter dieser externen Dienstleister transportieren Patienten in ihren Betten vom Zimmer zu den unterschiedlichen Funktionsbereichen und zurück, aber auch leere Betten von der Bettenzentrale auf die Stationen, Post, Röntgenbilder, Essenwagen, saubere Wäsche, Schmutzwäsche, Getränke, Müll etc.

Manche Großküchen lassen nach getaner Arbeit die Fußböden oder die gesamte Kücheneinrichtung von externen Diensten reinigen oder vergeben die Spüldienste.

Kurkliniken, Tagungshäuser und Altenhilfeeinrichtungen lassen sich bei der Hausgestaltung und jahreszeitlichen Dekoration von Spezialisten unterstützen, die ansonsten Schaufenster gestalten.

Einrichtungen, für die die erste Visitenkarte die Rezeption ist, entscheiden sich gelegentlich für die Vergabe dieser Dienstleistung.

4.1.3 (K)eine Frage der Kosten

Die Frage, ob es günstiger ist, hauswirtschaftliche Dienstleistungen einzukaufen oder selbst zu erbringen, lässt sich nicht so ohne Weiteres beantworten. Dienstleister machen häufig verlockende Angebote, die schwierig zu bewerten sind, insbesondere dann, wenn in der Einrichtung keine Transparenz bezüglich der eigenen Kosten besteht.

Leider schaffen es unseriöse Anbieter immer wieder, *ahnungslose* Entscheider mit Pauschalpreisen zu beeindrucken und so zum Auftrag zu kommen. Ist das Unternehmen dann im Haus tätig, stellt sich schnell heraus, was im Pauschalpreis alles nicht enthalten war.

Seriöse Anbieter listen bereits in ihrem Angebot genau auf, welche Leistungen im Preis enthalten sind und welche Zusatzkosten entstehen können.

Mithilfe Ihrer Leistungsbeschreibungen können Sie darlegen, welche Leistungen in Ihrem Betrieb zu welchen Kosten erbracht werden und aufzeigen, ob das Angebot des Dienstleisters wirklich günstiger ist.

Listen Sie für den Vergleich mit Angeboten externer Dienstleister alle Leistungen tabellarisch auf und haken Sie Punkt für Punkt ab, ob dieselbe Leistung in derselben Qualität auch vom Dienstleister angeboten wird.

Die folgenden Faktoren werden in Angeboten externer Catering-Dienstleister häufig vernachlässigt:

- Speisentransport,
- Mitarbeiter- und Besucher-Cafeteria,
- Diät- bzw. Ernährungsberatung,
- Zusatzangebote bei Hausfesten,
- Bewirtung bei Besprechungen,
- Erfassen der Essenwünsche,
- Sonderwünsche von Patienten/Bewohnern/Gästen,
- Zwischenverpflegung.

Bei der Vergabe von Reinigungsleistungen sollten Sie auf folgende Punkte achten:

- Beschaffung von Reinigungsgeräten und Kleinmaterial,
- Sonderleistungen bei Festen und Veranstaltungen,
- Grundreinigungen,
- Reinigungszeiten,
- Sonderwünsche von Patienten/Bewohnern/Gästen,
- Berücksichtigung von Leerständen bei der Abrechnung.

Im Vergleich von Wäschereileistungen sind folgende Faktoren wichtig:

- Wäschetransport,
- Häufigkeit der Belieferung der Bewohner/innen,
- Rücklaufgeschwindigkeit der privaten Wäsche,
- Sonderleistungen wie Näharbeiten, chemische Reinigung, Gardinenwechsel etc.,
- Sonderwünsche von Patienten/Bewohnern/Gästen.

4.1.4 Vergabe – pro und contra

Es gibt gute Argumente für und gegen die Vergabe von Dienstleistungen und wie meistens im Leben nicht nur **eine** Wahrheit.

Dabei interessieren die Hauswirtschaftsleitung bei dieser Frage in erster Linie organisatorische Aspekte, Mitglieder der Geschäftsführung wollen die Wirtschaftlichkeit gewahrt wissen und der Kunde möchte die Leistungen in möglichst hoher Qualität angeboten bekommen.

Betrachten Sie daher vor einer Entscheidung möglichst alle Faktoren, auch einmal aus der Perspektive der anderen Beteiligten!

Aus Kundensicht kann **für** eine Vergabe sprechen, dass

- der Dienstleister Spezialist auf seinem Gebiet ist und daher eine höhere Qualität der Leistung erwartet werden kann,
- beim Dienstleister in der Regel standardisierte Abläufe zum Tragen kommen, was für eine verlässliche, gleichbleibende Qualität spricht.

Aus Kundensicht kann **gegen** eine Vergabe sprechen, dass ...

- das Beschwerdemanagement bei Vergabe komplizierter wird. Ist der Ansprechpartner des Kunden nicht beim Leistungserbringer, also beim Dienstleister beschäftigt, sind Beschwerdewege länger und weniger effektiv.
- immer dann, wenn die Kommunikation zwischen Dienstleister und Auftraggeber schlecht funktioniert, die Qualität der Leistungserbringung leidet. Eine an sich *gute* Firma erbringt dann Leistungen in schlechter Qualität. Leidtragender ist der Kunde.
- die Einflussmöglichkeiten des einzelnen Kunden auf Art und Qualität der angebotenen Leistungen bei Vergabe gering ist.

Aus Sicht der Geschäftsführung kann **für** eine Vergabe sprechen, dass ...

- das Personalbudget entlastet wird, da Dienstleistungskosten Sachkosten sind.
- die für die Leistungserbringung anfallenden Kosten relativ gut kalkulierbar sind, da in Form von Pauschalen abgerechnet wird.
- keine Kosten für Personalausfall, Urlaub, Krankheit, Berufsgenossenschaften etc. anfallen.
- das Leistungsniveau gleichmäßig bleibt.

Aus Sicht der Geschäftsführung kann **gegen** eine Vergabe sprechen, dass ...

- Umsatzsteuer und Gewinn des Dienstleisters mitfinanziert werden müssen.
- Besonderheiten wie Service bei Veranstaltungen, Sonderwünsche etc. extra kosten.
- eine Abhängigkeit durch lange Vertragslaufzeiten entstehen kann.

Aus Sicht der Hauswirtschaftsleitung kann **für** eine Vergabe sprechen, dass ...

- sie sich nicht mit dem eventuell ungeliebten Thema der Personaleinsatzplanung befassen muss.
- sie sich nicht um Ersatz für Mitarbeiterinnen kümmern muss, die krank oder in Urlaub sind.
- kein Qualifizierungsaufwand für Mitarbeiterinnen entsteht, da dies Aufgabe des Dienstleisters ist.
- der Kunde vom Netzwerk und fachlichen Know-how des Dienstleisters profitiert.

Aus Sicht der Hauswirtschaftsleitung kann **gegen** eine Vergabe sprechen, dass...

- sie keinen direkten Zugriff auf die Mitarbeiterinnen hat. Sonderaufgaben können nicht direkt erteilt werden, es muss immer die Objektleitung eingeschaltet werden.
- sie keine Möglichkeit hat, direkte disziplinarische Maßnahmen zu ergreifen, wenn sich eine Mitarbeiterin des Dienstleisters in unerwünschter Weise verhält.
- sie nur indirekt Einfluss auf die hauswirtschaftlichen Leistungen nehmen kann.
- sie in ihrem Zuständigkeitsbereich weniger Gestaltungsmöglichkeit hat, als wenn die Leistungen selbst erbracht werden.
- sie in Rechtfertigungsdruck bezüglich der eigenen Stelle geraten kann.
- der Kommunikationsbedarf zwischen Dienstleister und Auftraggeber sehr hoch ist.
- die Einrichtung als Kunde des Dienstleisters ggf. *eine von vielen* ist und wenig Individualität bei Art und Umfang der Leistungen möglich ist.

4.1.5 Wie beschreibe ich vergebene hauswirtschaftliche Leistungen?

Diese Frage haben Sie sich vielleicht beim Lesen dieses und des letzten Kapitels gelegentlich gestellt.

Die Antwort ist ganz einfach: genau so, als ob Sie die Leistung mit eigenem Personal erbringen würden.

Sie erinnern sich: Wer Ihr Hauswirtschaftskonzept liest, möchte sich ein Bild davon machen, welche Leistungen er erwarten kann und welche nicht. Dabei spielt es aus Sicht des Lesers zunächst einmal gar keine Rolle, wer die Leistungen erbringt.

Beschreiben Sie die Leistungen also wie gewohnt.

Erst bei der Beschreibung der Rahmenbedingungen (siehe Kapitel 5), wenn es unter anderem darum geht, mit welchen Mitarbeiterinnen sie die Leistungen erbringen, spielt die Frage *Vergabe oder Eigenleistung* wieder eine Rolle.

4.2 Entscheidung für die Vergabe

Was Sie beim Abschluss von Verträgen mit Dienstleistern berücksichtigen sollten

Entscheidet sich man für die Zusammenarbeit mit einem Dienstleister, schließt man in aller Regel einen Vertrag, der die Art und Weise der Zusammenarbeit festhalten soll.

Dabei ist es sinnvoll, im Vorfeld nicht nur die Eckdaten der Zusammenarbeit, also die Leistungen und Preise, zu besprechen und festzulegen, sondern auch zu klären, worauf es Ihnen bei der künftigen Zusammenarbeit im besonderen Maße ankommt.

Vielleicht ist Ihnen der Einsatz umweltverträglicher Reinigungsmittel besonders wichtig, der Einsatz von Bio-Produkten in der Gästeverpflegung oder eine bestimmte, auf Ihre Schränke abgestimmte Falttechnik beim Zusammenlegen der Wäsche.

In den Standard-Verträgen der Dienstleister sind solche Aspekte meist nicht vorgesehen und Punkte wie Kommunikation, Verhalten gegenüber Ihren Kunden etc. nur kurz angerissen. Setzen Sie sich daher mit Ihrem zukünftigen Geschäftspartner zusammen und entwickeln Sie gemeinsam Regelungen, die sowohl Ihre Wünsche als auch seine Möglichkeiten berücksichtigen.

Die Regelungen können entweder direkt in den Dienstleistungsvertrag aufgenommen oder in einer Zusatzvereinbarung als Anlage zum Vertrag formuliert werden.

Sollte Ihr Vertrag bereits bestehen und Sie im Nachhinein Klärungs- oder Regelungsbedarf feststellen, ist dies auch kein

Beinbruch. Sofern sich beide Seiten einig sind, können die entsprechenden Festlegungen auch noch nachträglich angepasst werden.

Je genauer Sie Details beschreiben, desto geringer ist das Risiko für später auftretende Streitfälle.

Am Beispiel eines Catering-Vertrags können Sie hier nachlesen, worauf Sie achten sollten. Die aufgeführten Punkte können Sie auf andere Leistungsbereiche übertragen.

Bevor Sie das Gespräch mit Ihrem Dienstleister suchen, fertigen Sie am besten eine Liste der Themen an, die Sie vertraglich geregelt haben möchten und überlegen sich zu jedem Thema, **wie** es geregelt werden soll. Der Rest ist dann nur noch eine Frage der Formulierung.

1. Leistungsverzeichnis

Die Beschreibung der vom Catering-Unternehmen zu erbringende Leistung würde den Rahmen eines üblichen Dienstleistungs- oder Belieferungsvertrags sprengen. Dennoch sollten Sie nicht darauf verzichten.

Formulieren Sie daher das Leistungsverzeichnis in Form einer Anlage zum Vertrag.

Führen Sie im Leistungsverzeichnis alle Leistungen auf, die das Catering-Unternehmen erbringen soll. Denken Sie dabei nicht nur an die alltäglichen Leistungen, sondern berücksichtigen Sie auch Ausnahmesituationen wie Feste, Ausflüge, Veranstaltungen und Nebenaufträge wie die Mitarbeiter-Verpflegung.

Inhalte eines Leistungsverzeichnisses können sein:

- angebotene Kostformen,
- angebotene Mahlzeiten,
- angebotene Komponenten,
- Getränkeangebot,
- Ort und Zeit des Angebots,
- Zusatzleistungen für Bewohner/Patienten/Gäste, für Angehörige/Besucher, aus Anlass einer Feier, eines Feiertags etc.,
- Mitarbeiterverpflegung,
- Bewirtung bei Besprechungen,
- Cafeteria-, Kioskangebot.

2. Ökologie und Umweltschutz

Sind Ihnen Ökologie und Umweltschutz besonders wichtig, sollten Sie dies im Vertrag beschreiben.

Vereinbaren Sie beispielsweise den Einsatz von besonders umweltverträglichen Reinigungsmitteln, die Verarbeitung von ausschließlich aus der Region stammenden Lebensmitteln oder das Beachten von Parametern für die Erteilung eines Umweltsiegels.

3. Diätberatung

Viele Catering-Unternehmen werben damit, Diätberatung anbieten zu können. Doch Diätberatung ist nicht gleich Diätberatung.

Die Spanne reicht vom Beantworten gelegentlich auftretender Fragen durch einen Spezialisten, der seinen Arbeitsplatz in der Konzernzentrale hat, bis zum ständigen Einsatz einer Diätassistentin vor Ort.

Klären Sie im Vorfeld, welche Form der Diätberatung Sie benötigen und was – ggf. auch gegen Aufpreis – möglich ist.

4. Bestellwege

Kommt es zwischen Dienstleister und Auftraggeber zu Konflikten, so sind zum überwiegenden Teil Probleme rund um die Mahlzeiten- oder Komponentenbestellung die Ursache.

Mahlzeiten kommen nicht dort an, wo sie verzehrt werden sollen, die Komponenten entsprechen nicht dem, was der Bewohner oder Patient wünschte, warme Mahlzeiten sind kalt, Abbestellungen wurden nicht berücksichtigt etc.

Häufig trifft man auch das Phänomen an, dass rund um die Bestellung alles klappt, wenn bestimmte Mitarbeiter/innen anwesend sind und überhaupt nichts klappt, wenn bestimmte andere Mitarbeiter/innen Dienst haben.

Diese Probleme sind immer hausgemacht. Sie wären mit etwas gutem Willen und Flexibilität auf beiden Seiten leicht zu lösen, in der Praxis scheitert dies jedoch häufig.

Das Für und Wider von EDV-gestützten, Karten-, Listen- oder sonstigen Bestellsystemen, von wöchentlicher, täglicher oder sonstiger Menüwunschabfrage etc. soll hier nicht näher erörtert werden. Denn welches System Sie auch immer auswählen, es kann nur funktionieren, wenn die folgenden Punkte berücksichtigt werden:

- Das Bestellsystem muss genau und einheitlich definiert sein.
- Das Bestellverfahren muss in allen Details allen Mitarbeiter/innen bekannt sein.
- Die Systematik muss konsequent durchgehalten werden.
- Abweichungen, von welcher Seite auch immer, müssen thematisiert werden.

Besonders dann, wenn der Dienstleister *sein* Bestellsystem mitbringt und nicht bereit ist, das System den Wünschen des Kunden anzupassen, entstehen schnell Konflikte. Einige Mitarbeiter/innen der Einrichtung werden aus purem Trotz versuchen zu beweisen, dass das System nicht funktionieren **kann**. In diesem Fall wird es dann auch nicht funktionieren.

Hier ist Fingerspitzengefühl gefragt, doch es muss klar sein, dass es nur **ein** System im Haus geben kann und es hier nicht um Machtspielchen, sondern um die Wünsche des Bewohners, Patienten oder Gastes geht.

Am besten formuliert man das Bestellsystem als Anlage zum Leistungsverzeichnis oder als Vertragsanlage. So muss bei einer Änderung des Bestellsystems nicht der komplette Vertrag geändert werden.

5. Einrichtung, Inventar, Kleinmaterial

Einrichtungsgegenstände der Küche sowie Geschirr, Besteck, Gläser etc. werden üblicherweise vom Auftraggeber zur Verfügung gestellt. Die Ersatzbeschaffung obliegt ebenfalls dem Auftraggeber.

Ärger entsteht immer dann, wenn der Auftraggeber den Eindruck gewinnt, der Dienstleister *verbrauche* unverhältnismäßig viel Kleinmaterial. Dabei ist es sehr schwierig zu definieren, wie viel Schwund oder Bruch *normal* ist.

Eine Übersicht Ihrer Ersatzbeschaffungen aus den vergangenen Jahren kann Ihnen hier weiterhelfen. Sollte der Schwund tatsächlich übermäßig zugenommen haben, gehen Sie gemeinsam mit dem Dienstleister auf Ursachenforschung. Die Gründe können sowohl auf der Seite des Dienstleisters als auch auf Seiten des Kunden liegen.

Im Vertrag sollten Sie definieren, wer für die Beschaffung von Geräten und Kleinmaterial, aber auch von Non-food-Artikeln, wie zum Beispiel Servietten, Tischdecken, Dekoration etc. zuständig ist.

Formulierungsbeispiel
Haus XY stellt Fa. XY für den laufenden Betrieb unentgeltlich zur Verfügung:

- Betriebsräume einschließlich Lagerräume, Sozialräume, Büro für Betriebsleitung,
- das gesamte notwendige Inventar (zum Beispiel Tische, Stühle, Kühlanlagen, Herde, Küchenmaschinen, Spülbecken, Beleuchtungskörper, Waage für Warenanlieferung),
- erforderliches Kleinmaterial für den Küchenbereich (zum Beispiel Geschirr, Besteck, Gläser, Kochtöpfe),
- Dekoration und Tischdecken,
- Büroeinrichtung inklusive Telefon, Telefonkosten werden von Haus XY jedoch lediglich in Höhe von 50 € monatlich (ausschließlich Grundgebühren) übernommen. Nicht zur Verfügung gestellt wird von Haus XY Büromaterial wie zum Beispiel Papier, Schreibgeräte, Büroklammern etc.,
- Stahlkassette zur Aufbewahrung von Geldbeständen/ Wertmarken.

6. Unterhalt, Reparaturen

Stellt der Auftraggeber dem Dienstleister die Küchenräume und -einrichtung zur Verfügung, kommt er in der Regel auch für Reparaturen und Wartungsarbeiten auf. Investiert der Dienstleister in eine neue Küche, liegt der Fall anders herum. Kompliziert kann es dann werden, wenn der Dienstleister nur einen Teil der Geräte, zum Beispiel die Kochgruppe oder ein Kühlhaus neu anschafft, weil dem Auftraggeber dafür die Mittel fehlen. Sind nun Wartungs- oder Reparaturarbeiten fällig, besteht häufig keine Einigkeit darüber, wer diese zu veranlassen und zu bezahlen hat.

Je nach personeller und fachlicher Ausstattung können kleinere Reparaturen oder Wartungsarbeiten oft auch vom Haustechnischen Dienst der Einrichtung durchgeführt werden. Andererseits haben viele Dienstleister Vertragspartner, mit denen sie auch in anderen Objekten zusammenarbeiten und denen sie ggf. eher vertrauen.

Regeln Sie im Vertrag, wer Reparaturen und Wartungsarbeiten veranlasst, ob sie vom Haustechnischen Dienst oder von Fremdfirmen durchgeführt werden und wer für die Kosten aufkommt.

Formulierungsbeispiel
Bei Kleinreparaturen, die nicht durch Mitarbeiter des Hauses XY geleistet werden können, kann Fa. XY diese nach vorheriger Absprache mit Haus XY bis zu einem Wert von 500 € netto direkt vergeben. Haus XY kommt für die entstehenden Kosten auf.

7. Entsorgung

Müllentsorgung ist teuer. Regeln Sie daher unbedingt, wer die Kosten hierfür übernimmt. Vergessen Sie dabei nicht den Biomüll, Wertstoffe wie Glas und Papier, Abwasser, Fett- und Stärkeabscheider sowie Küchenabfälle, die auf den Wohnbereichen, Stationen oder in der Cafeteria anfallen.

8. Hygiene, HACCP und Reinigung

Es versteht sich von selbst, dass ein Dienstleister sich vertraglich verpflichtet, alle geltenden (und zukünftigen!) gesetzlichen Bestimmungen, die seinen Arbeitsbereich betreffen, zu beachten und zu befolgen.

Sind Ihnen Details in Bezug auf Reinigung und Hygiene besonders wichtig, sollten Sie sie im Vertrag erwähnen (zum Beispiel die tägliche Reinigung der Senken in der Küche).

Ebenfalls vertraglich geklärt werden sollte, wer die Kosten für mikrobiologische Untersuchungen (zum Beispiel des Wassers der Bandspülmaschine), freiwillige Hygieneinspektionen und für Sonderreinigungen, wie zum Beispiel der Abluftschächte übernimmt und wer diese durchführt.

Das HACCP-Konzept für den Produktionsbereich wird der Dienstleister mitbringen, die Schnittstellen des Konzepts im Bereich Stations- oder Wohnbereichsküchen können von Haus zu Haus variieren. Hier ist Abstimmung vonnöten.

9. Berufskleidung

Klären Sie, wer für Beschaffung, Reinigung und Ersatzbeschaffung der Berufskleidung zuständig ist. Dies ist ein nicht zu unterschätzender Kostenfaktor!

Haben Sie vor, mit Ihrem Dienstleister kein *klassisches* Catering, sondern einen Management-Vertrag abzuschließen, arbeiten unter Umständen Mitarbeiter/innen des Dienstleisters gemeinsam mit *Ihren* Mitarbeiter/innen. Tragen diese beiden Mitarbeiter-Gruppen unterschiedliche Dienstkleidung, trägt dies nicht gerade zur Integration bei.

Formulierungsbeispiel
Für die Berufskleidung – auch die der Küchenmitarbeiter/innen des Hauses XY – ist Fa. XY verantwortlich. Zu den von Fa. XY zu tragenden Kosten für Berufskleidung zählen Beschaffung, Reinigung, Reparatur und Ersatzbeschaffung.

10. Weitere Vertragsinhalte

Neben den genannten Punkten sind noch eine ganze Reihe anderer Inhalte für einen Belieferungs- oder Dienstleistungsvertrag relevant.

Die meisten Cateringunternehmen verfügen über Musterverträge, die sie entsprechend anpassen. Manchmal entsteht dabei auf Seiten des Kunden das Gefühl, *über den Tisch gezogen* zu werden, insbesondere dann, wenn man Schwierigkeiten mit dem *Juristendeutsch* hat.

Holen Sie sich im Zweifelsfall Hilfe bei einem Anwalt/einer Anwältin. Dies ist meist kostengünstiger als Sie denken und lohnt sich schon allein deshalb, weil man dann nicht mehr das *ungute Gefühl im Bauch* hat.

Inhalte eines Catering-Vertrags sollten sein:

- Beschreibung des Auftrags,
- Warenqualität und Wareneinkauf,
- Personaldisposition,
- Beschreibung des Bewirtschaftungssystems,
- Einrichtung, Inventar, Kleinmaterial,
- Unterhalt, Beseitigung von Mängeln, Ersatzbeschaffung,
- Energie und Wasser, Entsorgung,
- Reinigung und Hygiene,
- Berufskleidung,
- Vergütung und Vergütungsanpassung,
- Überwachung und Kontrolle,
- Versicherungen,
- Vertragsdauer,
- Vertragliche Nebenbestimmungen, salvatorische Klausel,
- Vertragsanlagen,
- Gerichtsstand.

11. Automatische Vertragsverlängerung

Belieferungs- oder Dienstleistungsverträge werden in der Regel mit einer Mindestlaufzeit von ein bis zwei Jahren abgeschlossen. Nach der Mindestlaufzeit verlängern sie sich meist automatisch um ein oder zwei Jahre, wenn sie nicht bis zu einem bestimmten Zeitpunkt gekündigt werden.

Möchten Sie den Vertrag kündigen und haben den Kündigungszeitpunkt verpasst, müssen Sie ein (oder zwei) weitere/s Jahr/e mit dem Dienstleister zusammenarbeiten. Eine unschöne Sache für beide Seiten.

Legen Sie sich daher unbedingt den Kündigungstermin auf Wiedervorlage!

Auch wenn Sie zufrieden mit Ihrem Catering-Unternehmen sind, lohnt es sich, vor Ablauf des Kündigungstermins darüber nachzudenken, ob und wie Sie weitermachen wollen. Kommen Sie zu dem Schluss, nichts verändern zu wollen, sagen Sie es *Ihrem* Unternehmen! Auch Dienstleister hören gern, dass man mit ihnen zufrieden ist!

Prüfen Sie ca. drei Monate vor dem letztmöglichen Kündigungstermin, ob Sie die Zusammenarbeit weiterführen, beenden oder ändern möchten.

4.3 Entscheidung für die Eigenleistung

Von der Leistungsbeschreibung zur Personalkalkulation

Wieviel Personal brauche ich?

In den Leistungsbeschreibungen haben Sie definiert, welche Leistungen Sie anbieten wollen. Um die Frage *Wieviel Personal brauche ich dafür?* beantworten zu können, müssen die einzelnen Arbeiten, die hinter dem Leistungsangebot stecken, möglichst genau aufgelistet und beschrieben werden.

Anschließend werden die einzelnen Arbeiten zeitlich bewertet, das heißt, Sie halten fest, wie viel Zeit Ihre Mitarbeiterinnen für die einzelnen Arbeitsschritte benötigen. So erhalten Sie einen Überblick darüber, wie viele Stunden pro Arbeitstag Sie wie viele Mitarbeiterinnen benötigen, um die angebotene Leistung erbringen zu können.

Die benötigten Arbeitsstunden können anschließend in Vollzeitstellen umgerechnet werden.

Anhand eines Beispiels geht's leichter
Die Beschreibung der Verpflegungsleistungen auf den vier Wohnbereichen einer Senioreneinrichtung, niedergeschrieben im Hauswirtschaftskonzept, ist unsere Ausgangsbasis.

Unser Ziel ist es zu errechnen, wie viele Vollzeitstellen die Einrichtung benötigt, um die beschriebenen Leistungen Tag für Tag erbringen zu können.

Schritt 1: Leistungsbeschreibung
Wir bieten unseren Bewohnern über den Tag verteilt sechs Mahlzeiten an: Frühstück, 2. Frühstück, Mittagessen, Nachmittagskaffee, Abendbrot und eine Spätmahlzeit.

Wer möchte, kann sich zwischendurch jederzeit an einem Obstkorb bedienen oder bekommt kleine Zwischengerichte gereicht.

Frühstück und Abendessen sowie die Zwischenverpflegung werden von den hauswirtschaftlichen Mitarbeiterinnen vor Ort in den Wohngruppenküchen zubereitet, die Komponenten werden in der Großküche angefordert.

Das Mittagessen wird von der Großküche zubereitet. Die Bewohner können zwischen den Komponenten zweier Menüs auswählen, eine Vorbestellung ist nicht erforderlich.

Beim Mittagsservice werden die hauswirtschaftlichen Kräfte auf den Wohnbereichen durch Pflegemitarbeiterinnen unterstützt.

Schritt 2: Aufgabendefinition
Aus dieser Leistungsbeschreibung lassen sich folgende Aufgaben der hauswirtschaftlichen Mitarbeiterinnen auf den Wohnbereichen ableiten:

- Frühstück zubereiten,
- Frühstück verteilen,
- Frühstücksgeschirr wieder einsammeln,
- zweites Frühstück zubereiten,
- zweites Frühstück verteilen,
- Geschirr wieder einsammeln,
- Mittagessens-Service vorbereiten,
- Mittagessen servieren,
- Geschirr wieder einsammeln,
- Kaffee, Tee kochen, Kuchen portionieren,

- Kaffee, Tee, Kuchen verteilen,
- Kaffeegeschirr wieder einsammeln,
- Abendbrot zubereiten,
- Abendbrot verteilen,
- Geschirr wieder einsammeln,
- Spätmahlzeit zubereiten,
- Spätmahlzeit verteilen,
- Geschirr wieder einsammeln,
- Geschirr spülen,
- Küche in Ordnung und sauber halten,
- Müllentsorgung,
- HACCP-Dokumentation,
- Getränke verteilen,
- Lebensmittel aus der Großküche bestellen,
- Vorlieben und Abneigungen der Bewohner erfragen.

Schritt 3: Ablaufplanung
In einen sinnvollen Arbeitsablauf gebracht, könnte dies folgendermaßen aussehen:

Arbeitsablauf Frühstücksdienst
06:45 Uhr

- Arbeitsplatz einrichten,
- Geschirr, das von der Nacht noch dasteht, spülen,
- Küche aufräumen,
- Dokumentation Kühlschranktemperatur.

07:00 Uhr

- Schnittchen für Frühstück richten, ggf. Brei kochen,
- Getränke für Frühstück und Sondentee zubereiten.

08:00 Uhr

- Frühstück im Tagesraum und in den Zimmern servieren,
- Frühstück in den Zimmern und im Tagesraum nachreichen,
- Frühstück im Tagesraum und in den Zimmern abräumen, dabei Essplätze säubern und aufräumen,
- Geschirr spülen, Küche aufräumen,
- Getränke für *zwischendurch* zubereiten,
- Zwischenmahlzeit und Obst herrichten,
- Servierwagen putzen,

- Zwischenreinigung Küche,
- Bestandskontrolle Lebensmittel, Servietten etc.,
- Bestellformular für die Küche ausfüllen,
- Servierwagen für das Mittagessen vorbereiten und an den Stromkreis anschließen.

10:00 Uhr

- Zwischenmahlzeiten im Tagesraum und in den Zimmern servieren, Getränke an Bewohner verteilen, dabei leere Flaschen sowie gebrauchte Gläser und Becher aus den Zimmern einsammeln.

Arbeitsablauf Mittagsdienst
11:45 Uhr

- Tische im Tagesraum eindecken und vorbereiten,
- Getränke für das Mittagessen bereitstellen.

12:00 Uhr

- Mittagessen im Tagesraum servieren (unterstützt durch Pflege),
- Mittagessen in den Zimmern servieren (unterstützt durch Pflege),
- Mittagessen im Tagesraum nachreichen,
- Mittagessen in den Zimmern nachreichen.

12:45 Uhr

- Mittagessen im Tagesraum abräumen, dabei Essplätze säubern und aufräumen,
- Mittagessen in den Zimmern abräumen, dabei Essplätze säubern und aufräumen,
- Geschirr spülen, Tabletts säubern,
- Servierwagen putzen,
- Küche aufräumen und zwischenreinigen.

Arbeitsablauf Kaffeedienst
14:30 Uhr

- Servierwagen für Nachmittagskaffee vorbereiten,
- Teller und Tabletts bereitstellen,
- Brötchen, Kuchen etc. richten,
- Getränke für Nachmittagskaffee und *zwischendurch* zubereiten.

15:00 Uhr

- Nachmittagskaffee und Getränke im Tagesraum und in den Zimmern servieren,
- Nachreichen im Tagesraum und in den Zimmern.

15:30 Uhr

- Geschirr etc. im Tagesraum und in den Zimmern abräumen, dabei Essplätze säubern und aufräumen,
- Geschirr spülen,
- Küche aufräumen und zwischenreinigen,
- Tabletts und Servierwagen putzen.

Arbeitsablauf Abenddienst

17:00 Uhr

- Schnittchen für Abendessen zubereiten,
- ggf. warme Komponenten fertig stellen,
- Getränke zubereiten,
- Servierwagen vorbereiten.

18:00 Uhr

- Abendessen im Tagesraum und in den Zimmern servieren,
- Abendessen im Tagesraum und in den Zimmern nachreichen.

18:45 Uhr

- Abendessen im Tagesraum und in den Zimmern abräumen, dabei Essplätze säubern und aufräumen,
- Geschirr spülen ,
- Servierwagen putzen,
- Tabletts säubern und für das Frühstück auf dem Servierwagen bereitstellen,
- Küche aufräumen und zwischenreinigen.

19:45 Uhr

- tägliche und wöchentliche Reinigungsarbeiten nach Plan,
- Dokumentation der Reinigungsarbeiten in der Hygieneliste,
- Dokumentation der Kühlschranktemperatur,
- Essensreste entsorgen.

Holen Sie sich beim Abschätzen der für die einzelnen Arbeitsschritte benötigten Zeit Hilfe bei Ihren Mitarbeiterinnen! Sie können den Zeitbedarf in der Regel sehr gut einschätzen.

Aus den beschriebenen Arbeitsabläufen können Sie nun ablesen, zu welchen Zeiten Sie wie viele Personen benötigen.

In unserem Beispiel ist das je Wohngruppenküche eine Mitarbeiterin im Frühstücksdienst von 06:45 Uhr bis 10:30 Uhr, eine Mitarbeiterin im Mittagsdienst von 11:45 Uhr bis 13:45 Uhr, eine Mitarbeiterin im Kaffeedienst von 14:30 Uhr bis 16:00 Uhr und eine Mitarbeiterin im Abenddienst von 17:00 Uhr bis 20:15 Uhr.

Schritt 4: Errechnung des Stundenbedarfs je Tag
Mithilfe einer Tabelle können Sie nun leicht den Stundenbedarf errechnen: Zunächst tragen Sie ein, welcher Personalbedarf an *normalen* Wochentagen besteht.

Montag bis Freitag ohne Feiertage					
	Arbeitsbeginn	Arbeitsende	Anwesenheit	Pausen	Arbeitszeit
Wohngruppe 1					
Frühstücksdienst	06:45	10:30	3,75	0	3,75
Mittagsdienst	11:45	13:45	2	0	2
Kaffeedienst	14:30	16:00	1,5	0	1,5
Abenddienst	17:00	20:15	3,25	0	3,25
Wohngruppe 2					
Frühstücksdienst	06:45	10:30	3,75	0	3,75
Mittagsdienst	11:45	13:45	2	0	2
Kaffeedienst	14:30	16:00	1,5	0	1,5
Abenddienst	17:00	20:15	3,25	0	3,25
Wohngruppe 3					
Frühstücksdienst	06:45	10:30	3,75	0	3,75
Mittagsdienst	11:45	13:45	2	0	2
Kaffeedienst	14:30	16:00	1,5	0	1,5
Abenddienst	17:00	20:15	3,25	0	3,25
Wohngruppe 4					
Frühstücksdienst	06:45	10:30	3,75	0	3,75
Mittagsdienst	11:45	13:45	2	0	2
Kaffeedienst	14:30	16:00	1,5	0	1,5
Abenddienst	17:00	20:15	3,25	0	3,25
Summe der erforderlichen Arbeitszeit je Tag					**42**

Um die Verpflegungsleistungen wie beschrieben in allen vier Wohngruppen anbieten zu können, sind also 42 Arbeitsstunden notwendig.

Am Wochenende und an Feiertagen kann der Personalbedarf variieren. Im Reinigungsdienst oder in der hauseigenen Wäscherei werden Sie gegebenenfalls am Wochenende weniger Personal einsetzen.

Wenn dies für Ihr Haus zutrifft, sollten Sie für die Wochenenden eine gesonderte Tabelle anlegen:

Samstage, Sonntage, Feiertage					
	Arbeitsbeginn	Arbeitsende	Anwesenheit	Pausen	Arbeitszeit
Wohngruppe 1					
Frühstücksdienst	06:45	10:30	3,75	0	3,75
Mittagsdienst	11:45	13:45	2	0	2
Kaffeedienst	14:30	16:00	1,5	0	1,5
Abenddienst	17:00	20:15	3,25	0	3,25
Wohngruppe 2					
Frühstücksdienst	06:45	10:30	3,75	0	3,75
Mittagsdienst	11:45	13:45	2	0	2
Kaffeedienst	14:30	16:00	1,5	0	1,5
Abenddienst	17:00	20:15	3,25	0	3,25
Wohngruppe 3					
Frühstücksdienst	06:45	10:30	3,75	0	3,75
Mittagsdienst	11:45	13:45	2	0	2
Kaffeedienst	14:30	16:00	1,5	0	1,5
Abenddienst	17:00	20:15	3,25	0	3,25
Wohngruppe 4					
Frühstücksdienst	06:45	10:30	3,75	0	3,75
Mittagsdienst	11:45	13:45	2	0	2
Kaffeedienst	14:30	16:00	1,5	0	1,5
Abenddienst	17:00	20:15	3,25	0	3,25
Summe der erforderlichen Arbeitszeit je Tag					**42**

In unserem Beispiel weicht der Personalbedarf an Wochenenden und Feiertagen nicht vom Personalbedarf an normalen Wochentagen ab.

Es sind also auch hier pro Arbeitstag 42 Arbeitsstunden erforderlich.

Schritt 5: Errechnen des Stundenbedarfs pro Jahr
Ermitteln Sie nun die erforderlichen Jahresarbeitsstunden nach der folgenden Tabelle:

Erforderliche Arbeitszeit pro Jahr							
Montag bis Freitag ohne Feiertage	252	Tage x	42	Stunden	=	10584	Stunden
Samstag, Sonntag und Feiertage	113	Tage x	42	Stunden	=	4746	Stunden
						15330	Stunden

In einem Jahr kommen etwa 252 normale Wochentage und 113 Wochenend- bzw. Feiertage vor. (Natürlich kann dies von Jahr zu Jahr variieren, wenn zum Beispiel ein Feiertag auf einen Wochentag fällt.)

Die Anzahl der normalen Wochentage (hier 252) multipliziert mit der erforderlichen Stundenzahl pro Tag (hier 42) plus die Anzahl der Wochenend- bzw. Feiertage (hier 113) multipliziert mit der erforderlichen Stundenzahl pro Tag (hier 42) ergibt die Gesamtstundenzahl pro Jahr.

In unserem Beispiel werden also für das Verpflegungsangebot auf den vier Wohnbereichen 15.330 Arbeitsstunden notwendig. Diese gilt es nun in Vollzeitstellen umzurechnen.

Schritt 6: Errechnen der Zuschläge für Ausfallzeiten
Allerdings bleibt bei unserer Berechnung bisher unberücksichtigt, dass die Mitarbeiterinnen, die diese 15.330 Arbeitsstunden erbringen sollen, nicht 365 Tage im Jahr anwesend sein können. Die Verpflegungsleistung muss jedoch 365 Tage im Jahr gewährleistet sein.

Daher muss noch ein Stundenzuschlag für Ausfallzeiten hinzuaddiert werden.

Für urlaubs- und krankheitsbedingte Ausfallzeiten kalkuliert man in der Hauswirtschaft mit einem Zuschlag in Höhe von 18 bis 20 %. (Natürlich können Sie Ihrer Berechnung anstelle dieser Pauschale auch Ihre *echten* Ausfallzeiten zugrunde legen. Sie erhalten sie aus der Personalbuchhaltung.)

In unserem Beispiel nehmen wir einen Urlaubs- und Krankheitsausfall von 18 % an und kommen nun auf einen Gesamtstundenbedarf von 18.089,4 Stunden pro Jahr.

15.330 Std. x 18 % = 2.759,4 Std.

15.330,00 Std.
+ 2.759,40 Std.
= 18.089,40 Std.

Schritt 7: Errechnen der Vollzeitstellen
Teilt man nun diese 18.089,40 Jahresarbeitsstunden durch die Sollarbeitszeit einer Vollzeitstelle, erhält man die Anzahl der Vollzeitstellen, die erforderlich sind, um die beschriebene Leistung an allen Tagen eines Jahres erbringen zu können.

Die Sollarbeitszeit je Vollzeitstelle schwankt, ebenso wie die Anzahl der Wochenend- und Feiertage, von Jahr zu Jahr. Darüber hinaus ist sie abhängig von der durchschnittlichen Wochenstundenzahl (38,5- oder 40-Std.-Woche).

Sie können sie errechnen, indem Sie im Kalender die Arbeitstage durchzählen und mit der täglichen Arbeitszeit (zum Beispiel 7,7 Std. bei 38,5 Std./Woche in der 5-Tage-Woche) multiplizieren.

In unserem Beispiel rechnen wir mit 1.955 Jahresstunden für eine Vollzeitstelle bei 38,5 Std./Woche in der 5- Tage- Woche und mit 2.032 Jahresstunden für eine Vollzeitstelle bei 40 Std./Woche, ebenfalls in der 5- Tage- Woche.

Dies ergibt den folgenden Stellenbedarf:

38,5 h/Woche 18089,4 : 1955 = 9,25 Stellen
40,0 h/Woche 18089,4 : 2032 = 8,90 Stellen

Um die im Hauswirtschaftskonzept beschriebenen Verpflegungsleistungen auf den vier Wohnbereichen anbieten zu können, benötigt unser Beispielhaus also 9,25 bzw. 8,90 VZ-Stellen. (Natürlich ohne Berücksichtigung der Stellen in der Großküche.)

5 Das Hauswirtschaftskonzept verschriftlichen

Dem Konzept Struktur geben

Zentrale Inhalte des Hauswirtschaftskonzepts sind mit Sicherheit die Leistungsbeschreibungen.

Darüber hinaus beschreibt das Hauswirtschaftskonzept noch die Rahmenbedingungen, unter denen die beschriebenen Leistungen erbracht werden. Zu den Rahmenbedingungen zählen beispielsweise die räumlichen Voraussetzungen, die Ihre Einrichtung mitbringt, die Zahl und Qualifikation der Mitarbeiterinnen, mit denen die hauswirtschaftlichen Leistungen erbracht werden oder das QM-System, mit dem Sie arbeiten.

Sie können Ihr Hauswirtschaftskonzept folgendermaßen strukturieren:

1. Angaben zur Einrichtung (Name, Träger, Größe, Aufgabe, Leitsatz).
2. Ziele des Bereichs Hauswirtschaft.
3. Räumliche Ausstattung.
4. Leistungsbeschreibungen
   - Speisen- und Getränkeversorgung incl. Konzept zur Vermeidung von Mangel- und Unterernährung sowie Austrocknung (Senioreneinrichtungen),
   - Hausreinigung,
   - Wäscheversorgung,
   - Hausgestaltung,
   - ggf. Haustechnik,
   - ggf. Rezeption,
   - ggf. Hol- und Bringedienste,
   - ggf. weitere, der Hauswirtschaft zugeordnete Tätigkeitsfelder.
5. Personalausstattung.
6. Kommunikationsstrukturen.
7. Fortbildungsplan.
8. QM-System bzw. Maßnahmen zur Überprüfung der Zielerreichung

Ausgehend von dieser Struktur wird im Folgenden beschrieben, welche Punkte Sie im Hauswirtschaftskonzept außer den

Leistungsbeschreibungen bearbeiten sollten. Für jeden Punkt finden Sie ein Beispiel aus den verschiedensten Einrichtungen.

1. Angaben zur Einrichtung

Zunächst möchte der Leser eines Hauswirtschaftskonzepts wissen, mit welcher Art von Einrichtung er es zu tun hat, ob es sich beispielsweise um ein Tagungshaus, eine Einrichtung für Senioren oder Kinder oder um ein Krankenhaus handelt.

Darüber hinaus interessiert ihn, wie groß die Einrichtung ist und ob sie in einer Großstadt oder auf dem *platten Land* liegt. Wer ist der Träger des Hauses? Welche Auswirkungen hat dies auf die Ziele? Nach welchem Leitsatz wird in der Einrichtung gearbeitet?

Hier ein Beispiel:

Das Tagungshaus Dietrich Bonhoeffer ist eine evangelische Bildungseinrichtung, Träger ist die Landeskirche.

Die befreiende und versöhnende Botschaft des Evangeliums und der Gedanke der Diakonie bilden das Fundament unserer Arbeit.

Auf diesem Hintergrund enthält unser Bildungsangebot ein breites Spektrum an Themen sowohl für kirchliche Mitarbeiterinnen und Mitarbeiter als auch Interessierte aus allen Lebens- und Arbeitsbereichen.

Neben Themen aus den Bereichen Bibel und Glaube, Kirche und Gesellschaft, Ökumene und soziale Gerechtigkeit, Meditation und Erfahrung ergänzen Kurse zur Sterbe-, Trauerbegleitung und Hospizarbeit sowie Schulungen im EDV-Bereich das Angebot des Tagungshauses Dietrich Bonhoeffer im Bereich der Erwachsenenbildung.

Das Haus liegt am Rande des Stadtkerns von XY.

Wenige Gehminuten entfernt liegen Geschäfte, Sehenswürdigkeiten der Stadt sowie verschiedene Cafés und Restaurants, ca. zwei Gehminuten vom Haus entfernt befindet sich eine Bushaltestelle, sodass auch die Außenbezirke der Stadt und der ICE-Bahnhof in kurzen Zeitabständen zu erreichen sind.

2. Ziele des Bereichs Hauswirtschaft

Auf die unterschiedlichen hauswirtschaftlichen Ziele wurde bereits in Kapitel 2 im Zusammenhang mit den Aufgaben der Hauswirtschaft eingegangen.

3. Räumliche Ausstattung

Die Frage der räumlichen Ausstattung kann große Auswirkungen auf die Erbringung hauswirtschaftlicher Leistungen haben.

So wirkt es sich beispielsweise erheblich auf den Reinigungsaufwand aus, ob in einem Tagungshaus ausschließlich Einzel- oder auch Doppel- und ggf. sogar Mehrbettzimmer anzutreffen sind und ob jedes Zimmer über ein eigenes Bad oder lediglich ein Waschbecken verfügt.

Ein Altenheim mit zentralem Hausrestaurant wird sein Verpflegungsangebot ganz anders organisieren als eine Einrichtung, in der dezentral in vielen kleinen Speiseräumen gegessen wird.

Befinden sich alle Wohngruppen einer Behinderteneinrichtung in einem zentralen Gebäude, ist der Aufwand für die Verteilung von Wäsche, Lebensmitteln, Einmalmaterial etc. erheblich geringer als in einer Anlage mit weitverstreuten Einzelhäusern.

Auch die Art, Anzahl und Größe der Räume, die für die Erbringung der hauswirtschaftlichen Leistungen zur Verfügung stehen, spielen eine große Rolle:

- Sind Räume für das Aufstellen einer Mangel und einer Faltmaschine vorhanden?
- Gibt es auf jeder Etage einen Raum für Reinigungsgeräte?
- Gibt es eine zentrale Großküche oder dezentrale Wohngruppenküchen?
- Befinden sich Lager- und Kühlräume auf derselben Ebene wie die Küche?

Hier ein Beispiel für die – sehr ausführliche – Beschreibung der räumlichen Ausstattung einer Seniorenresidenz:

Das Gebäude, das fünfgeschossig und L-förmig gebaut ist, steht entlang der Straßenlinie. Dadurch ist im hinteren Bereich des Grundstücks eine kleine Grünanlage entstanden.

Die Seniorenresidenz bietet xxx älteren Menschen die Möglichkeit des Wohnens, der Betreuung und der Pflege. Es ist gegliedert in vier Wohnbereiche, die den Etagen 1 bis 4 entsprechen:

- *den Bereich I mit xx Einzelzimmern und x Doppelzimmern,*
- *den Bereich II und III ebenfalls mit xx Einzelzimmern und x Doppelzimmern,*
- *den Bereich IV mit xx Einzelzimmern und x Doppelzimmern.*

Die vertikale Verbindung aller Ebenen der Seniorenresidenz XY wird durch Treppenhäuser und zwei Aufzüge gewährleistet, sodass auch gehbehinderte Personen jeden Bereich des Hauses bequem erreichen können.

Wohnbereiche bilden den Kern der Einrichtung, in denen die Bewohner wohnen, leben und vom Pflegepersonal betreut werden.

Alle Wohnbereiche beinhalten Bewohnerzimmer (Individualbereiche), Gemeinschaftsbereiche und Betriebsbereiche.

Die Bewohnerzimmer bilden den wesentlichen Ersatz für die frühere Wohnung, die in der Regel aufgrund von Pflegebedürftigkeit aufgegeben werden musste.

Die Gemeinschaftsbereiche innerhalb der Wohnbereiche umfassen jeweils eine kleine Küche, Ess- und Wohnräume und dienen dazu, Gemeinschaftsangebote zu dezentralisieren und bewohnernah in den Wohnbereichen anbieten zu können. Darüber hinaus unterstützen sie den Charakter einer überschaubaren Einheit und bieten Möglichkeiten für tagesstrukturierende und sinngebende Maßnahmen.

Die Betriebsbereiche innerhalb der Wohnbereiche befinden sich unweit der Bewohnerzimmer und der Gemeinschaftsbereiche und dienen der Erleichterung des Personaleinsatzes. Sie beinhalten je einen Dienstraum, einen Pflegearbeitsraum, ein Pflegebad, Wäscheräume sowie Personaltoiletten.

Zu jedem Bewohnerzimmer gehört eine Nasszelle mit Dusche, Waschbecken und Toilette.

Die Zimmer der Bewohner sind ihr Privatbereich. Deshalb ist es für uns selbstverständlich, dass die Möblierung und Gestaltung der Zimmer dem individuellen Geschmack entsprechend auch mit privaten Einrichtungsgegenständen der Bewohner erfolgen kann.

Teilmöblierung ist möglich; vom Haus werden immer das Bett, der Nachttisch und der Kleiderschrank gestellt.

Die vom Haus zur Verfügung gestellte Standardausstattung besteht, je nach Einzel- oder Doppelzimmer, in

- *einem Bett/zwei Betten,*
- *einem Nachttisch/zwei Nachttischen,*
- *einem Kleiderschrank/zwei Kleiderschränken,*
- *einer Garderobe,*
- *an das Hausrufsystem angeschlossenen Rufmöglichkeiten,*
- *Gardinen,*
- *Deckenleuchten.*

Zur technischen Ausstattung der Zimmer gehören Telefon-, Radio- und Fernseh- bzw. Satellitenanschluss.

Die Büros von Verwaltung, Hauswirtschafts-, Pflegedienst- und Heimleitung wie auch der Sozialtherapeuten und Qualitätsbeauftragten und das Besprechungszimmer sind im Erdgeschoss untergebracht.

Ebenfalls im Erdgeschoss befinden sich Zentralküche, Werkstatt, Funktionsräume sowie Umkleideräume für Mitarbeiter.

4. Leistungsbeschreibungen

Hinweise zur Erstellung der Leistungsbeschreibungen finden Sie in Kapitel 4.

5. Personalausstattung

Maßgeblich für die Erbringung hauswirtschaftlicher Dienstleistungen ist die personelle Ausstattung Ihres Bereichs.

Dabei spielt nicht nur die reine Kopf- bzw. Stellenanzahl eine entscheidende Rolle, sondern auch die Qualifikation der Mitarbeiterinnen. Fachlich qualifizierte Mitarbeiterinnen benötigen weniger Anleitung, Aufsicht und Kontrolle als *Angelernte*, was sich erheblich auf den Arbeitsaufwand für die hauswirtschaftliche Leitungskraft und auf die Organisation der Arbeitsabläufe auswirkt.

Die Aufteilung der Stellen schließlich beeinflusst die Dienstplangestaltung: fällt eine Teilzeitkraft wegen Krankheit oder Urlaub aus, lässt sich die entstehende Lücke wesentlich leichter überbrücken als wenn eine Vollzeitkraft fehlt.

Neben der reinen Aufzählung der Namen und Aufgabengebiete Ihrer Mitarbeiterinnen sollten Sie im Hauswirtschaftskonzept daher auch deren Qualifikation und die Anzahl der Arbeitsstunden pro Woche (oder ggf. bei geringfügig Beschäftigten pro Monat) angeben:

Name	Qualifikation	Aufgabengebiet	Wochenstunden
Müller, Gudrun	Hauswirtschafterin	Reinigung, Materialausgabe	19,25
Krause, Maria	Bürokauffrau, angelernt	Reinigung	30,00
Rödel, Karin	Hauswirtschaftsmeisterin	Bereichsleitung Reinigung	23,00
Sachse, Bernhard	Heizungsinstallateur	Haustechnik, Sicherheitsbeauftragter	19,25

6. Kommunikationsstrukturen

- Funktioniert Ihre hausinterne Kommunikation?
- Erfahren Sie immer rechtzeitig von Veränderungen, die sich auf die Abläufe auswirken?

Wenn Sie diese Fragen mit *ja* beantworten können: herzlichen Glückwunsch! Dann haben Sie mit Sicherheit offizielle oder inoffizielle Wege der Kommunikation. Die offiziellen sollten Sie im Hauswirtschaftskonzept darstellen.

Hier ein Beispiel aus einem Verpflegungskonzept einer Senioreneinrichtung:

Kommunikation

Um einen reibungslosen Ablauf in der Zusammenarbeit zwischen der Küche und den anderen Leistungsbereichen zu gewährleisten, finden zwischen den folgenden Personen regelmäßig Gespräche statt:

auf Einrichtungsebene:
Morgenbesprechung
- täglich
- 30 Minuten
- Teilnehmer/innen: Einrichtungsleitung, Küchenleitung, Qualitätsbeauftragter, Hauswirtschaftsleitung, Leitung Sozialer Dienst, Pflegedienstleitung, Leitung Haustechnik, Mitarbeiter Empfang

Steuerungskreis
- wöchentlich
- 120 Minuten
- Teilnehmer/innen: Einrichtungsleitung, Küchenleitung, Qualitätsbeauftragter, Hauswirtschaftsleitung, Leitung Sozialer Dienst, Pflegedienstleitung, Leitung Haustechnik, Mitarbeiter Empfang, Leitung Personalabteilung

auf Bereichsebene:
Wohnbereichsküche, Zentralküche
- wöchentlich
- 30 Minuten
- Teilnehmer/innen: Küchenleitung, MA Wohnbereichsküchen

Wohnbereich, Dienstbesprechung
- alle 4 Wochen
- 90 Minuten
- Teilnehmer/innen: alle MA des Wohnbereichs, punktuell Einrichtungsleitung

Wohnbereich, Übergabe
- 3 x täglich zum Schichtwechsel
- 20/45/20 Minuten
- Teilnehmer/innen: alle anwesenden MA

Dienstbesprechung Küche
- monatlich
- 60 Minuten
- Teilnehmer/innen: Küchenleitung, MA Küche

Verpflegung während der Gespräche: Kaffee, Tee, Kaltgetränke, Gebäck

7. Fortbildungsplan

Damit sich die Abteilung Hauswirtschaft professionell präsentieren und den Erfolg der gesamten Einrichtung unterstützen kann, ist es erforderlich, die hauswirtschaftlichen Mitarbeiterinnen fortlaufend zu schulen und sie so in die Lage zu versetzen, Aufgaben und Anforderungen an ihrem Arbeitsplatz nach dem aktuellen Stand des Fachwissens erfüllen zu können.

Dabei kann es sich allerdings kein hauswirtschaftlicher Betrieb mehr leisten, seinen Mitarbeiterinnen Fortbildungen ungeplant nach dem *Gießkannenprinzip* zukommen zu lassen.

Ebenso wenig können Sie es sich leisten, Ihre Mitarbeiterinnen nicht regelmäßig fortzubilden.

> ***Nehmt mir meine Leute weg, aber lasst mir meine Fabriken, und bald wird Gras aus dem Boden der Werkshallen sprießen. Nehmt mir meine Fabriken weg, aber lasst mir meine Leute da, und bald werden wir eine neue und bessere Fabrik haben.***
> **Andrew Carnegie**

Ihre Aufgabe als Führungskraft ist es, die Entwicklung Ihres Bereichs zu beobachten und die notwendigen Bildungsbedarfe für Ihre Mitarbeiterinnen zu analysieren und einzuleiten, sprich: einen Fortbildungsplan zu erstellen.

Die Fortbildungsbedarfe können sich sowohl auf fachliche als auch auf kommunikative Aspekte beziehen, ein besseres Miteinander bewirken oder als Reaktion auf aktuelle Entwicklungen im hauswirtschaftlichen oder gesellschaftlichen Bereich stattfinden. Nicht zuletzt können Fortbildungen auch zur Motivierung oder Belohnung für besondere Leistungen eingesetzt werden.

Keinesfalls vergessen sollten Sie bei Ihrer Fortbildungsplanung die sogenannten *Pflichtthemen*, die aufgrund gesetzlicher Vorgaben einmal jährlich geschult bzw. unterwiesen werden müssen.

Es sind dies (ohne Anspruch auf Vollständigkeit):

- Gefahren am Arbeitsplatz (ArbSchG, § 12),
- Umgang mit gefährlichen Arbeitsmitteln (BetrSiVO, § 9),
- Grundsätze der Prävention (BGV A1, § 4),
- Sicherheitskennzeichnung (BGV A 8, § 5),
- Gefahren am Arbeitsplatz Küche (BGR 111),
- Tätigkeitsverbote bei Infektionskrankheiten (IfSG §§ 42, 43),
- Lebensmittelhygiene und HACCP (VO EU 852/2004),
- Umgang mit Biostoffen (BioStoffVO, § 12),
- Umgang mit Gefahrstoffen (GefVO, § 14).

Für den Fortbildungsplan im Hauswirtschaftskonzept listen Sie in einer Excel-Tabelle die Namen aller Mitarbeiterinnen, sowie alle Themen, die innerhalb eines Jahres geschult werden sollen, auf und kreuzen Sie an, welche Mitarbeiterin an welcher Veranstaltung teilnehmen soll. Sobald die Termine feststehen, können Sie die Kreuzchen durch den jeweiligen Termin ersetzen.

Beispiel für einen Fortbildungsplan:

Jahr	EU LM Hygiene VO	MS Word Grundseminar	Umgang mit der Einscheibenmaschine	Rückenschule	...
Petra Esser			X	X	
Irmgard Müller	X	X			
Veronika Maier	X		X	X	
...					

8. System zur Überprüfung der Zielerreichung: Qualitätsmanagement

In Kapitel 2 haben Sie Ziele für Ihre jeweiligen Leistungsbereiche definiert. Nun gilt es zu überprüfen, ob diese Ziele auch erreicht wurden.

Um bei der Überprüfung der Zielerreichung nicht immer wieder bei Null anfangen zu müssen, installieren die meisten hauswirtschaftlichen Dienstleistungsbetriebe ein Qualitätsmanagementsystem. Einrichtungen wie beispielsweise Krankenhäuser oder Alten- und Behinderteneinrichtungen sind dazu sogar gesetzlich verpflichtet.

Doch was ist eigentlich Qualitätsmanagement?

Gebrauchstauglichkeit in den Augen des Kunden, so definiert die DIN EN ISO 9000 ff den Begriff Qualität.

Im Begriff *Management* ist das lateinische Wort mane, die Hand, enthalten. Man könnte Management also mit *etwas in der Hand* oder *etwas im Griff* haben übersetzen.

Qualitätsmanagement bedeutet demnach, die Qualität der Leistungen im Griff haben.

In den vorangehenden Kapiteln haben wir uns mit der Definition der Leistungen befasst. Ist dieser Schritt vollzogen, ist also definiert, welche Leistungen in welcher Qualität erbracht werden sollen, kann und muss mit den Qualitätskontrollen begonnen werden.

Liegt im Haus hierfür noch kein System vor (oder scheint es ungeeignet), kann auf ein in mittlerweile wohl jedem Betrieb mit Verpflegungsangebot existierendes System zurückgegriffen werden: HACCP.

Wer beim Begriff HACCP nur an Hygiene denkt, nutzt wahrscheinlich nur einen sehr begrenzten Teil dieses Instruments zur Qualitätssicherung. Denn HACCP umfasst viel mehr als *nur* Hygiene.

HACCP (übersetzt: Gefahrenanalyse und kritische Kontrollpunkte) ist ein Qualitätsmanagementinstrument, dessen Ausgangspunkt immer eine Schwachstellenanalyse ist.

In der Praxis heißt das, jede Abteilung überlegt, an welchen Punkten der Leistungserbringung Fehler oder Probleme auftreten können, die die Qualität der Leistung beeinträchtigen. Dieses Vorgehen bietet sich nicht nur für Küchen an, es funktioniert ebenso gut in jedem anderen Arbeitsbereich. (Schließlich wurde das HACCP-Konzept in der amerikanischen Raumfahrt entwickelt, um Abstürze von Raketen zu vermeiden.)

Sind die Gefahren erkannt, kann gemeinsam überlegt werden, an welchem Punkt der Leistungserbringung eine Kontrolle stattfinden muss, um diese Gefahr zu bannen: die Definition der Kontrollpunkte.

Aus der Definition der Qualität der einzelnen Leistungen (siehe erste Frage) lässt sich ableiten, wo die Schwellwerte in Bezug auf die erbrachte Leistung liegen: was kann noch akzeptiert werden, was nicht mehr? Und: welche Maßnahmen müssen bei Schwellwertüberschreitung ergriffen werden?

Der Rest ist wieder ähnlich wie beim Erstellen des HACCP-Konzepts für die Küche: Prüfrhythmen müssen festgelegt, sowie Checklisten und andere Werkzeuge zur Dokumentation der Überprüfung und des Ergebnisses erstellt werden.

Es ist nicht nur möglich, sondern sogar erforderlich, die Mitarbeiter in alle Schritte der Qualitätskontrolle einzubeziehen. Auch die bestinformierte HBL kennt die Arbeitsabläufe und möglichen Schwachstellen nicht so gut wie die Mitarbeiterinnen, die die Arbeit ausführen.

Ist den Mitarbeiterinnen erst einmal klar, dass die Qualitätskontrollen nicht zur Schikane, sondern zur Aufrechterhaltung und Verbesserung der Leistungen und somit dem guten Ruf des Hauses dienen, werden sie sie als selbstverständlichen Bestandteil des Arbeitsablaufs akzeptieren.

Letztendlich werden auch alle Beteiligten froh sein, dass es kein Gezänk mehr darüber gibt, wessen Aufgabe es ist, Nachttische zu putzen oder verblühte Blumen zu entsorgen.

Qualitätskontrollen durch die Hauswirtschaftsleitung sollten immer in Anwesenheit des zuständigen Mitarbeiters erfolgen. So kann der Mitarbeiter schnell erkennen, welche Anforderungen an ihn gestellt werden und wird nach einiger Zeit die Kontrollen als ganz normal empfinden.

Wichtig ist, dass jede Kontrolle dokumentiert wird. So gewinnt man rasch einen Überblick darüber, an welcher Stelle die gewünschte Qualität nicht erreicht wurde und kann entsprechend gegensteuern.

Sind die Qualitätskontrollen erst *eingeführt*, können sie zum Großteil auch durch die Mitarbeiter selbst vorgenommen und dokumentiert werden.

Die Einführung eines QM-Systems im hauswirtschaftlichen Bereich ist eine umfassende und vielschichtige Aufgabe. Da *nebenbei* ja auch noch das Tagesgeschäft organisiert sein will, darf der Zeitfaktor dabei nicht unterschätzt werden. Doch der Aufwand lohnt sich.

An dieser Stelle sei davor gewarnt, ein *fertiges* System einer anderen Einrichtung zu übernehmen, um Zeit zu sparen. Sicherlich braucht nicht jedes Haus das Rad neu zu erfinden, insbesondere Checklisten können häufig von Kolleginnen übernommen und für das eigene Haus umgearbeitet werden.

Doch die Definition der Leistungen und der erwünschten Qualität, die Festlegung der Rahmenbedingungen und Fähigkeiten, der Soll-Ist-Abgleich im Haus, die Erstellung eines Konzepts, all diese grundlegenden Arbeiten können nur vom und im Haus selbst vorgenommen werden.

Falls Sie in Ihrer Einrichtung nach einem definierten QM-System arbeiten und über ein QM-Handbuch verfügen oder Ihre QM-Maßnahmen in einem Hauswirtschaftshandbuch beschrieben haben, reicht im Hauswirtschaftskonzept ein Hinweis darauf mit einer kurzen Beschreibung des Systems.

Hier ein Beispiel für die Beschreibung des Systems zur Überprüfung der Zielerreichung aus einer Seniorenresidenz:

Um Qualität im Wahrnehmen, Annehmen, Ernstnehmen und in der gemeinsamen Gestaltung von Leben und Arbeiten in der Seniorenresidenz herzustellen, zu gewährleisten und stetig zu verbessern, ist ein umfassendes Qualitätsmanagement notwendig.

Zur Gewährleistung eines systematischen und prozessorientierten Vorgehens orientiert sich die Einrichtung an der DIN EN ISO 9000:2000.

Im Bereich Verpflegung wird ein Eigenkontrollsystem nach den Grundsätzen von HACCP angewandt, dabei kommen folgende Kontroll- bzw. Dokumentationslisten zum Einsatz:

- *Temperaturüberwachung Kühl- und Tiefkühleinrichtungen,*
- *Ausgabeliste Vorratslager,*
- *Reinigung Wohnbereichskühlschrank,*
- *Warenverarbeitung Tagesmenü,*
- *Reinigungsplan Küche (Dokumentation),*
- *Belehrung nach dem Infektionsschutzgesetz,*
- *Checkliste Speisen und Wärmewagen,*
- *Formular Essensbestellung aus der Küche,*
- *Verfahrensanweisung Speisen-Wärmewagen.*

Im Bereich Reinigung stehen den Mitarbeiterinnen folgende Unterlagen zur Verfügung:

- *Reinigungspläne je Revier,*
- *Arbeitsanweisungen für Sicht-, Unterhalts- und Grundreinigungen,*
- *Bedienungsanleitungen für die eingesetzten Maschinen,*
- *Sicherheitsdatenblätter der verwendeten Reinigungs- und Pflegemittel,*
- *Dosieranleitungen,*
- *Betriebsanweisungen für den Umgang mit Gefahrstoffen,*
- *Betriebsanweisungen für das Auftreten von Keimen mit besonderen Eigenschaften, zum Beispiel MRSA.*

Folgende Dokumentationslisten werden von den Reinigungskräften geführt:

- *Reinigung besonders sensibler Bereiche (öffentliche WCs, Bäder etc.),*
- *Durchführung von Grundreinigungen,*
- *Reinigung und Pflege der Reinigungswagen und -maschinen.*

Es finden wöchentlich Reinigungsvisiten durch die Hauswirtschaftsleitung statt. Die zuständige Reinigungskraft ist bei den Visiten anwesend. Die Ergebnisse werden dokumentiert.

Einmal pro Quartal werden die Ergebnisse der Reinigungsvisiten ausgewertet. Die Auswertung bildet den Ausgangspunkt für die jährlichen Mitarbeitergespräche.

Unterstützung von außen

Berater, die Erfahrung in der Prozessbegleitung von Einrichtungen haben, können bei der Entwicklung und Einführung von Qualitätsmanagementsystemen unterstützend mitwirken. Sie haben die nötige Erfahrung, um Kommunikationslücken im Haus aufzuspüren, die die Beteiligten selbst gar nicht mehr wahrnehmen, Schnittstellendiskussionen und Qualitätszirkel zu moderieren und nicht zuletzt, um den unüberblickbaren Berg an Schreibarbeiten klein zu halten.

Da sie unabhängig und neutral sind, können sie den unangenehmen Teil der Arbeit übernehmen und auch einmal einem Vorgesetzten *auf die Zehen treten*. Sie haben einen neutralen Blick auf die Einrichtung und können Qualitätskontrollen ohne die *betriebsblinde* Sicht der eigenen Mitarbeiter durchführen.

Auf diese Weise amortisieren sich die Kosten für Beratung schnell.

Anhang

Mehr Hauswirtschaft im MDK-Prüfkatalog

Der *neue* MDK-Prüfkatalog vom 10. November 2005 enthält deutlich mehr Forderungen, die sich auf die Organisation von Hauswirtschaft und Haustechnik beziehen als sein Vorgänger.

Dabei ist für die Konzeption dieser Bereiche besonders interessant, dass zur Hauswirtschaft nicht nur die *traditionellen* Bereiche Verpflegung, Reinigung und Wäschepflege, sondern auch die Hausgestaltung und die Haustechnik gezählt werden. Dies entspricht dem Sprachgebrauch des Sozialgesetzbuches (SGB) XI, in dem nicht von Hauswirtschaft und Haustechnik, sondern vom Bereich *Unterkunft und Verpflegung* gesprochen wird.

Im Folgenden sind die für diesen Bereich geltenden Fragen aufgeführt und es wird erläutert, wie Sie diese in der Praxis umsetzen können.

Frage 1.5: Von der Pflegeeinrichtung zur Prüfung vorgelegte Unterlagen

Zu Beginn einer MDK-Prüfung schauen sich die Prüfer in aller Regel erst einmal die qualitätsrelevanten Unterlagen der Einrichtung an. Dies sind Konzepte, Dienstpläne, Fortbildungspläne, Standards etc.

In Frage 1.5 des Prüfkatalogs sind die entsprechenden Unterlagen aufgelistet.

Vor einer angekündigten MDK-Prüfung haben Sie ausreichend Zeit, die Unterlagen bereitzustellen. Bedenken Sie jedoch, dass MDK-Prüfungen auch unangemeldet stattfinden können und Sie ggf. an diesem Tag gar nicht im Haus sind. In diesem Fall sollte Ihre Stellvertretung oder eine andere Person, die die MDK-Prüfer begleitet, Zugriff auf Ihre Unterlagen haben und diese auch ohne viel Sucherei finden können!

Folgende Unterlagen aus dem Bereich Hauswirtschaft sollen zur MDK-Prüfung zu Verfügung stehen:

Hauswirtschaftskonzept

Es wird ein geeignetes schriftliches Konzept für die Bereiche Verpflegung, Reinigung, Wäschepflege, Hausgestaltung und Haustechnik gefordert. Diese fünf Leistungsbereiche sind in den Erläuterungen zum MDK-Prüfkatalog ausdrücklich aufgeführt. Sie lassen sich aus dem Sozialgesetzbuch XI ableiten, in dem für den Bereich Hauswirtschaft der Begriff *Unterkunft und Verpflegung* verwendet wird.

Stellenbeschreibungen
Für Führungskräfte wie Hauswirtschaftsleitung, Küchenleitung, Wäschereileitung, Leitung Reinigungsdienst, Leitung Haustechnik, sowie für hauswirtschaftliche Fachkräfte wie Hauswirtschafterin, Köchin etc. sollten personenbezogene Stellenbeschreibungen vorliegen.

Für hauswirtschaftliche Mitarbeiterinnen aus Reinigungsdienst, Wäscherei, Küche, Cafeteria etc. und für die Mitarbeiter der Haustechnik reichen nicht personenbezogene Arbeitsplatzbeschreibungen aus.

Nachweise über Dienstbesprechungen
Wie ist die Kommunikation in Ihrer Einrichtung geregelt?

Tauschen Sie Informationen gezielt oder *zwischen Tür und Angel* aus?

Hier ein Vorschlag für Ihr hausinternes Besprechungswesen:
Im Abstand von zwei bis vier Wochen sollten Dienstbesprechungen in jedem hauswirtschaftlichen Fachbereich sowie in der Haustechnik stattfinden, die protokolliert werden.

Ohne Protokoll können tägliche Kurzbesprechungen (fünf bis zehn Minuten) in jedem hauswirtschaftlichen Fachbereich stattfinden. (Manche Einrichtungen sprechen hier von der täglichen *Blitzrunde*).

Diensteübergreifende Besprechungen (HWS, HT, Pflege etc.) haben sich in monatlichen Abständen bewährt, auch sie sollten protokolliert werden.

Konzept zur Einarbeitung neuer Mitarbeiter
Für die Einarbeitung neuer Mitarbeiter sollten Sie ein zweigeteiltes Einarbeitungskonzept aufstellen:

- ein haus- bzw. trägerinternes Einarbeitungskonzept zu allgemeinen Themen wie Philosophie der Einrichtung, Umgangsformen, hausspezifischen Besonderheiten etc.,
- ein bereichsbezogenes Einarbeitungskonzept bezogen auf den jeweiligen Arbeitsplatz.

Fortbildungsplan, Nachweise interner und externer Fortbildungen

Der Fortbildungsplan muss mindestens die Pflichtschulungen Gefahrstoff VO, Biostoff VO, Lebensmittelhygiene, Belehrung nach § 42/43 IfSG, Arbeitsschutzmaßnahmen umfassen.

Führungskräfte sollten pro Jahr an mindestens zwei Fortbildungen zu aktuellen Themen teilnehmen. Bieten Sie für Ihre Mitarbeiter/innen über die Pflichtschulungen hinaus mindestens eine Fortbildung pro Jahr im Haus durch externe Referent/innen an, das fördert die Motivation und das Zusammengehörigkeitsgefühl!

Selbstverständlich sind alle Fortbildungs- und Schulungsmaßnahmen zu dokumentieren. Bewährt hat sich hierfür ein Fortbildungsheft pro Mitarbeiter.

Nachweise zum einrichtungsinternen Qualitätsmanagement

In der Speiseversorgung weisen wir das einrichtungsinterne Qualitätsmanagement anhand der Dokumentation eines Eigenkontrollsystems nach HACCP-Grundsätzen nach, in der Hausreinigung dokumentieren wir regelmäßig durchgeführte Reinigungskontrollen, im Wäschebereich werden beispielsweise Kontrollen der Wäsche- und Waschqualität und Rücklaufzeiten von bewohnereigener Wäsche dokumentiert und die Haustechniker notieren die Durchführung von Inspektionen, Wartungs- und Instandhaltungsarbeiten.

Organigramm

Das Organigramm der Einrichtung sollte alle hauswirtschaftlichen Bereiche aufführen. Leistungsbereiche, die an einen externen Dienstleister vergeben sind, sollten entsprechend gekennzeichnet sein.

Es ist wünschenswert, dass sich Hauswirtschaftsleitung und Pflegedienstleitung auf derselben hierarchischen Ebene befinden.

Hygienebeauftragte, Sicherheitsbeauftragte und Qualitätsbeauftragte bekleiden sinnvollerweise Stabsstellen.

Hygienestandard/-plan/-konzept

Das Infektionsschutzgesetz (IfSG) fordert in § 36 einen Hygieneplan.

Einen Vorschlag für die Inhalte des Hygieneplans in Altenhilfeeinrichtungen erhalten wir aus den Empfehlungen des Robert-Koch-Instituts zur Infektionsprävention in Heimen. Siehe: www.rki.de

Hauswirtschaftsbezogene Ausbildungsnachweise der hauswirtschaftlichen Mitarbeiter
Zu empfehlen sind folgende Qualifikationen:

- Hauswirtschaftsleitung mit Ausbildung zur Hauswirtschaftlichen Betriebsleitung, (Diplom) Oecotrophologin oder Hauswirtschaftsmeisterin,
- Küchenleitung wie Hauswirtschaftsleitung oder Koch/Köchin bzw. Wirtschafterin,
- Wäschereileitung und Leitung Reinigungsdienst wie Hauswirtschaftsleitung und Küchenleitung oder mindestens mit Ausbildung zur Hauswirtschafterin,
- Leitung Haustechnik mit Ausbildung in einem Handwerksberuf,
- mindestens 50 % aller hauswirtschaftlichen Mitarbeiter/innen mit Ausbildung zur Hauswirtschafterin.

Frage 1.10: Werden Zusatzleistungen gemäß § 88 SGB XI von der Pflegeeinrichtung angeboten? Wenn ja, welche?

Zusatzleistungen, die nicht über die Pflegesätze finanziert werden, sind im Hauswirtschaftskonzept zu beschreiben. Darüber hinaus ist eine entsprechende Preisliste vorzulegen. Zusatzleistungen können zum Beispiel sein:

- Ausrichten von privaten Geburtstagsfeiern,
- Übernachtung und Bewirtung von Gästen,
- Handwäsche von nicht maschinenwaschbarer Kleidung,
- chemische Reinigung von nicht maschinenwaschbarer Kleidung,
- zusätzliche Handwerkerleistungen,
- Entsorgung von Hausrat,
- zusätzliche Fensterreinigung.

Frage 1.11: Werden Leistungen ganz oder teilweise durch andere Anbieter erbracht? Wenn ja, welche?

Leistungen, die an externe Dienstleister vergeben sind, sollten in Verträgen und Leistungsbeschreibungen dargestellt werden.

Damit sichergestellt ist, dass der externe Dienstleister die ihm übertragene Aufgabe auch in der Qualität erbringt, die Sie sich vorstellen, definieren Sie auch die Maßnahmen zur Überprüfung der Zielerreichung (QM). Darüber hinaus sollten die Kommunikationswege zwischen Auftraggeber und Dienstleister beschrieben werden. (Auf die Frage *Outsourcing oder Eigenleistung?* wird in Kapitel 3 ausführlich eingegangen.)

Frage 2.2: Wird bei der Gestaltung der Wohnräume den Wünschen und Bedürfnissen der Bewohner nach Privatheit und Wohnlichkeit Rechnung getragen?

Als Kriterien gelten hier beispielsweise:

Ist es möglich, dass die Bewohner ihre private Wäsche (Bettwäsche, Handtücher, Tischdecken) mitbringen? Ist dies auch bei Wäsche-Leasing gewährleistet?

In welchem Umfang können eigene Möbel mitgebracht werden?

Wird den Bewohnern Unterstützung bei der Gestaltung des Zimmers (zum Beispiel durch Haustechnik) angeboten?

Frage 3.1: Sind Verantwortungsbereich und Aufgaben für die in der Pflege, sozialen Betreuung und hauswirtschaftlichen Versorgung beschäftigten Mitarbeiter verbindlich geregelt?

Diese Frage können Sie mit *ja* beantworten, wenn die Aufgaben der hauswirtschaftlichen Mitarbeiter im Hauswirtschaftskonzept niedergeschrieben und, wo erforderlich, Schnittstellen definiert sind.

Frage 3.8: Zusammensetzung Personal

Eine Fachkraftquote in der Hauswirtschaft gibt es zwar nicht, dennoch ist, ebenso wie für die Mitarbeiterinnen des Pflegedienstes, die Zusammensetzung des hauswirtschaftlichen Personals anzugeben (siehe Frage 1.5: Hauswirtschaftsbezogene Ausbildungsnachweise der hauswirtschaftlichen Mitarbeiter).

Diese Angaben können dem aktuellen Stellenplan entnommen werden.

Im Dienstplan sollten die Qualifikationen der Mitarbeiterinnen mit angegeben werden.

Frage 4.5: Ist durch die Personaleinsatzplanung eine kontinuierliche Pflege und Versorgung der Bewohner gegeben?

Mithilfe von Arbeitsablaufbeschreibungen und Zeitangaben für einzelne Leistungen lässt sich zeigen, welcher Personalbedarf für welchen Leistungsbereich besteht. Durch einen Vergleich der Ergebnisse der Personalbedarfsermittlung und der Einträge in den entsprechenden Dienstplänen kann kontrolliert werden, ob Personal in ausreichendem Umfang eingesetzt wird.

Frage 5.5: Liegt ein geeignetes schriftliches Konzept zur hauswirtschaftlichen Versorgung vor?

Hier wird noch einmal ausdrücklich nach dem schriftlichen Hauswirtschaftskonzept gefragt. Siehe Frage 1.5.

Frage 5.6: Ist das Konzept zur hauswirtschaftlichen Versorgung den Mitarbeitern bekannt?

Ein Konzept, das nicht bekannt ist, kann nicht gelebt werden. Stellen Sie daher das Hauswirtschaftskonzept nicht nur den hauswirtschaftlichen, sondern allen Mitarbeiterinnen vor und dokumentieren Sie die Einführung.

Nehmen Sie das Vorstellen des Hauswirtschaftskonzepts mit ins Einarbeitungskonzept für neue Mitarbeiterinnen auf.

Frage 6.5: Werden Maßnahmen der internen Qualitätssicherung im Bereich Hauswirtschaft durchgeführt?

Siehe Frage 1.5 Nachweise zum einrichtungsinternen Qualitätsmanagement.

In den Erläuterungen zum MDK-Prüfkatalog werden Vorschläge aufgeführt, wie ein einrichtungsinternes Qualitätsmanagement im hauswirtschaftlichen Bereich aussehen kann:

- Visiten der verantwortlichen Fachkraft zu den verschiedenen Leistungsbereichen der Hauswirtschaft (Verpflegung, Hausreinigung, Hausgestaltung, Haustechnik),
- Beteiligung am Beschwerde-Managementsystem,

- Prüfung der Prozesse im Verpflegungsbereich: Eigenkontrollsystem zur Sicherung des Hygienestandards auf der Grundlage des HACCP-Systems,
- Prüfung der Prozesse im Reinigungsbereich: Leistungs- und Qualitätsbeschreibungen mit Kontroll- und Checklisten der Reinigungsverfahren und Ergebnisse,
- Prüfung der Prozesse im Wäschebereich: Überwachung der Textilbeschaffung, Wäschekontrolllisten,
- Befragungen, Gespräche mit Bewohnern zur Zufriedenheit mit Leistungen der Ernährung (Speisen und Getränke, Service), der Reinigungsdienste, des Wäsche- und Kleiderservice, der Wohnlichkeit im eigenen Wohnbereich und in den Gemeinschaftsbereichen (Hausgestaltung).

Frage 6.8: Liegt ein bedarfsgerechter prospektiver Fortbildungsplan für alle Leistungsbereiche vor?

Siehe Frage 1.5: Fortbildungsplan.

In Kapitel 5 wird auf das Thema Fortbildungsplan ausführlich eingegangen.

Die Frage nach einem prospektiven, also in die Zukunft gerichteten Fortbildungsplan zeigt, dass die Dokumentation der Fortbildungen, die stattgefunden haben, nicht ausreicht. Gewünscht wird die systematische Planung von Fortbildungsveranstaltungen und zwar für die Mitarbeiter aller Bereiche.

Frage 6.9: Werden alle in der Pflege, sozialen Betreuung und hauswirtschaftlichen Versorgung tätigen Mitarbeiter in die Fortbildung einbezogen?

Wichtig ist also, dass im Fortbildungsplan alle hauswirtschaftlichen Mitarbeiterinnen aufgeführt sind, nicht nur Führungskräfte! Vergessen Sie auch nicht, Wochenend-Aushilfen mit in die Fortbildungsplanung aufzunehmen.

Falls Sie hauswirtschaftliche Dienstleistungen vergeben haben, ist der Dienstleister für die Fortbildung der entsprechenden Mitarbeiterinnen zuständig. Das entbindet Sie jedoch nicht von der Aufgabe sich davon zu überzeugen, dass der Dienstleister seine Mitarbeiterinnen qualifiziert. Schließlich sind Sie als Verantwortliche im Heim Ihren Kunden, den Bewohnern, gegenüber zur Qualität verpflichtet!

Lassen Sie sich also am besten den Fortbildungsplan Ihres externen Dienstleisters geben!

Frage 6.12: Werden Methoden zur Sicherstellung der Informationsweitergabe genutzt?

Siehe Frage 1.5: Nachweise über Dienstbesprechungen.

Hier können Sie Punkte sammeln, wenn Sie Ihre Kommunikationswege im Hauswirtschaftskonzept beschrieben haben und Protokolle Ihrer Besprechungen vorlegen können.

Dies gilt für die Kommunikation innerhalb der hauswirtschaftlichen Abteilung, für die Kommunikation mit anderen Berufsgruppen und selbstverständlich auch für die Kommunikation mit externen Dienstleistern.

Frage 8.1: Ist der Gesamteindruck der Einrichtung im Hinblick auf Sauberkeit und Hygiene gut? (zum Beispiel Optische Sauberkeit, Ordnung, Geruch)

Es gibt wohl keine andere MDK-Frage, die so sehr subjektiv beantwortet wird, wie diese. Denn die Ansichten über Sauberkeit differieren bekanntlich erheblich. Auf folgende Punkte sollten Sie jedoch achten:

- es liegen lediglich tagesaktuelle Verschmutzungen vor,
- keine *Wollmäuse*, keine Spinnweben sind zu finden,
- die Armaturen in den Bädern zeigen keine Kalkränder,
- es herrscht kein Uringeruch, aber auch kein Desinfektionsmittelgeruch vor,
- Ihre Mitarbeiterinnen machen einen gepflegten Eindruck,
- die Arbeitsmittel (Wagen, Reinigungsgeräte, Küchengeräte etc.) sind in ordentlichem Zustand,
- in den Arbeitsräumen ist eine Rein/Unrein-Trennung sichtbar.

Frage 8.2: Gibt es in der Pflegeeinrichtung ein angemessenes Hygienemanagement?

Legen Sie hier Ihren Hygieneplan vor und untermauern Sie ihn durch die Dokumentation von hygienischen Maßnahmen, zum Beispiel HACCP-Dokumentation, Dokumentation von Reinigungs- und Desinfektionsarbeiten (Siehe 1.5 Nachweise zum internen Qualitätsmanagement).

Frage 8.3: Stehen den Mitarbeitern in den stichprobenartig besuchten Wohnbereichen in erforderlichem Umfang Arbeitshilfen zur Verfügung?

Sorgen Sie dafür, dass Handschuhe und Schutzkleidung an allen Arbeitsplätzen in Küche und Wäscherei sowie auf den Arbeitswagen von Reinigungsdienst und Haustechnik zur Verfügung stehen. Achten Sie dabei auch auf die unterschiedlichen Handschuhgrößen und -materialien!

Kontrollieren Sie, ob an allen Handwaschbecken für Mitarbeiterinnen Händedesinfektionsmittel in geeigneten Spendern angebracht ist.

Frage 8.4: Wenn in der Pflegeeinrichtung Bewohner mit MRSA wohnen: Liegen geeignete Standards/ Verfahrensabläufe zum Umgang mit MRSA und zur Sicherstellung entsprechender Hygieneanforderungen vor?

Ein Konzept zum Umgang mit Bewohner mit MRSA sollte Bestandteil Ihres Hygieneplans sein. Dabei sind nicht nur pflegerische Aspekte interessant, sondern auch die Reinigung des Bewohnerzimmers, der Umgang mit Schmutzwäsche und Müll, das Spülen des Geschirrs, sowie die Frage, wie die soziale Betreuung des (ggf. isolierten) MRSA-Bewohners organisiert wird.

Frage 9.1: Wird in der Pflegeeinrichtung ein Speiseplan veröffentlicht und den Bewohnern zur Kenntnis gebracht?

Den Erläuterungen zum MDK-Prüfkatalog kann man entnehmen, dass es dem MDK hierbei vor allem auf eine seniorengerechte Schriftgröße (mindestens Schriftgrad 14 Arial) ankommt.

Wichtig ist darüber hinaus, dass in allen Wohnbereichen die jeweils aktuellen Speisepläne aushängen und diese auch für Rollstuhlfahrer einsehbar sind.

Bewohner, die aufgrund von Immobilität den ausgehängten Speiseplan nicht einsehen können, bekommen einen Speiseplan ausgehändigt oder werden anderweitig über das Speisenangebot informiert.

Frage 9.2: Wird in der Einrichtung ein abwechslungsreiches, vielseitiges und bedarfsgerechtes Speiseangebot vorgehalten?

Hier werden folgende Kriterien angesetzt:

- Wahlmöglichkeiten,
- Diätkost, zum Beispiel bei Diabetes etc.,
- Wunschkost,
- bedarfsgerechtes Speisenangebot für gerontopsychiatrisch veränderte Bewohner,
- bei bestehender Kaufähigkeit Angebot fester Speisen,
- bedarfsgerechtes Speisenangebot für Bewohner mit Schluckstörungen.

Frage 9.3: Übernehmen die Bewohner ihren Fähigkeiten entsprechend die mundgerechte Zubereitung der Nahrung?

Die Zubereitung von Broten und Brötchen für Frühstück und Abendessen, das Vorschneiden von Fleisch etc. mag manchem Bewohner zwar bequem erscheinen und so manche Hauswirtschaftskraft übernimmt diesen *Service* gern, einfach weil es häufig schneller geht, als wenn der Bewohner seine Mahlzeit selbst mundgerecht vorbereitet.

Dieses Verhalten verstößt jedoch gegen das Prinzip der aktivierenden Pflege und sollte daher nur dann angewandt werden, wenn Bewohner ausdrücklich darauf bestehen oder selbst nicht mehr dazu in der Lage sind.

Frage 9.4: Zu welchen Zeiten werden die Mahlzeiten angeboten?

Hier ist eine Liste für Frühstück, Zwischenmahlzeit, Mittagessen, Zwischenmahlzeit/Kaffee, Abendessen, Spätmahlzeit und Nachtmahlzeit auszufüllen.

Besondere Relevanz erhält diese Frage in Kombination mit Frage 9.6 *Wird speziellen Erfordernissen der Nahrungs- und Flüssigkeitszufuhr der Bewohner Rechnung getragen?*.

Frage 9.5: Findet eine angemessene Getränkeversorgung für die Bewohner zuzahlungsfrei statt?

Alle Bewohner sollen über das Getränkeangebot nachvollziehbar informiert werden. Kalt- und Warmgetränke müssen unbegrenzt und jederzeit verfügbar sein, damit Sie diese Frage mit *ja* beantworten können.

Dies bedeutet jedoch nicht, dass Sie nun rund um die Uhr heißen Kaffee und Tee, sowie ein Sammelsurium an Säften vorhalten müssen. Es muss jedoch zu jeder Zeit möglich sein, innerhalb einer erträglichen Zeitspanne ein warmes oder kaltes Getränk zuzubereiten.

Frage 9.6: Wird speziellen Erfordernissen der Nahrungs- und Flüssigkeitszufuhr der Bewohner Rechnung getragen?

Hier gibt uns der MDK in den Erläuterungen Hinweise auf die angesetzten Kriterien:

- Pflege und Hauswirtschaft müssen gemeinsam eine geeignete Regelungen zur Vermeidung von Mangelernährung und Exsikkose (Austrocknung) erarbeiten; einige Beispiele für die Praxis werden in den Erläuterungen aufgeführt,
- es sollten mindestens drei Haupt- und zwei Zwischenmahlzeiten angeboten werden,
- der Abstand zwischen der zuletzt für alle Bewohner angebotenen Mahlzeit am Abend und der ersten Mahlzeit am Morgen darf zwölf Stunden nicht überschreiten,
- der Abstand zwischen der zuletzt für Bewohner mit Diabetes mellitus oder gerontopsychiatrisch beeinträchtigte Bewohner angebotenen Mahlzeit am Abend und der ersten Mahlzeit am Morgen darf zehn Stunden nicht überschreiten.

Bezugsquelle

Der vollständige MDK-Fragenkatalog mit allen Erläuterungen ist zu beziehen bei:
Medizinischer Dienst der Spitzenverbände der Krankenkassen e.V. (MDS), 45116 Essen, Telefon 0201/8321-0, Email office@mds-ev.de oder im Internet unter www.mds-ev.de.

Anhang

Qualitätsmanagementsysteme: was ist was?

Bei der Vielzahl der am Markt befindlichen QM-Systeme ist es schwierig, den Überblick zu behalten. Neben *Klassikern* wie DIN EN ISO 9000 ff und EFQM-Modell hat sich in den letzten Jahren eine Vielzahl von Spezialsystemen insbesondere für den Gesundheitsmarkt entwickelt. Hinter den verschiedenen QM-Systemen stecken teilweise höchst unterschiedliche Philosophien, selbst die Frage *Zertifizierung ja oder nein?* lässt sich mittlerweile nicht mehr pauschal beantworten.

Doch Qualitätsmanagement ist keine Erfindung der Neuzeit. Ein Blick auf die Entwicklung des Qualitätsmanagements von früheren Qualitätskontrollen bis zu heutigen, branchenspezifischen TQM-Systemen erleichtert das Verständnis und die Zuordnung der Systeme:

Das Bedürfnis des Menschen, für den bezahlten Preis einen reellen Gegenwert zu erhalten, ist fast so alt wie die Menschheit. Schon ein Steinzeitmensch wusste den Unterschied zwischen einer scharfen und einer spitzen Speerspitze mit Sicherheit zu schätzen.

Die Qualitätsansprüche sind im Lauf der Geschichte ständig gewachsen. Und mit den steigenden Ansprüchen entwickelten sich auch immer ausgefeiltere Techniken und Methoden, Qualität zu kontrollieren und immer besser zu beherrschen.

Qualitätskontrollen

Schon in der Antike finden sich an alten ägyptischen Bauten in Stein gehauene Bilder, die neben den Bauarbeitern auch Kontrolleure zeigen, die die getane Arbeit prüfen und das Ergebnis vermessen.

Auch Sanktionen bei schlechter Qualität sind nichts Neues: So findet sich im Codex Hammurabi, der um 2150 v. Chr. entstandenen ältesten bekannten Gesetzessammlung der Satz: *Wenn ein Baumeister ein Haus gebaut hat und seine Arbeit ist nicht fest, und das Haus fällt ein und tötet den Hausbesitzer, soll der Baumeister getötet werden.*

Umfangreiche Formen der Qualitätskontrolle handwerklicher Leistungen finden sich im Mittelalter. Die Zünfte hatten ein ausgeklügeltes Kontrollsystem, das auf dem damals höchsten gesellschaftlichen Wert beruhte: der Ehre.

Nur Handwerksmeister, die nachweisen konnten, dass sie die Qualitätsanforderungen erfüllen konnten, wurden in die Zunft aufgenommen. Jeder Meister war daher darauf bedacht, selbst genau zu kontrollieren, dass nur Qualitätsprodukte seine Werkstatt verließen. Bis Mitte des 19. Jahrhunderts änderte sich an diesem Prinzip nichts.

Im Zuge der Industrialisierung entstanden große Fabriken, in denen immer mehr schlecht oder gar nicht ausgebildete Arbeitskräfte nur noch einzelne Teilarbeiten eines Produktionsablaufs erledigten und unter Umständen das fertige Endprodukt gar nicht mehr zu Gesicht bekamen.

Dies machte geschulte *Kontrolleure* notwendig, die selbst nicht mehr am Produktionsablauf beteiligt waren, sondern die Qualitätskontrolle und somit die Qualitätsverantwortung übernahmen. Qualität war nicht mehr *Chefsache*, die innerbetriebliche Fachabteilung der Qualitätskontrolle war geboren.

Qualitätskontrolle bedeutete in diesem Zusammenhang: Kontrolle aller Endprodukte. War ein Endprodukt fehlerhaft, wurde es repariert oder ausgesondert.

Qualitätssicherung

Ausgerechnet der zweite Weltkrieg brachte den nächsten Schritt. Der Kriegseintritt der USA erforderte dort die Massenproduktion von zum Teil äußerst komplexen Rüstungsgütern in möglichst kurzer Zeit. Produktqualität wurde zum obersten Gebot. Wenn das Kriegsmaterial im Kampfeinsatz versagte, konnte das fatale Folgen haben.

Eine Kontrolle des fertigen Endprodukts war nun viel zu aufwändig, Qualität konnte nur durch Beherrschung des Produktionsprozesse erreicht werden.

Mit der Festlegung von Anforderungen an das Endprodukt, Qualitätsplanung bei den einzelnen Arbeitsschritten, Zwischenprüfungen und regelmäßigen Überprüfungen der Fertigungseinrichtungen auf Einhaltung der vorher festgelegten Toleranzen, wurde das System der Nachkontrolle verlassen. Durch vorbeugende Maßnahmen wurde versucht, das Entstehen von Fehlern zu vermeiden: der Schritt von der Qualitätskontrolle zur Qualitätssicherung war vollzogen.

Qualitätsmanagement

Die in den USA entwickelten Methoden zur Qualitätssicherung wurden Anfang der 50er Jahre in Japan weiterentwickelt. Japanische Produkte waren zum damaligen Zeitpunkt auf dem Weltmarkt nicht konkurrenzfähig, da sie zwar billig, aber oft von schlechter Qualität waren.

Erst die Anwendung der o. g. Prinzipien schaffte hier Abhilfe: nur die ständige Verbesserung der Prozessqualität bei der Produktion führt zu einer ständig verbesserten Qualität der Produkte.

Gleichzeitig trat der Aspekt der Kundenorientierung mehr und mehr in den Vordergrund. Qualität wurde als *Gebrauchstauglichkeit in den Augen des Kunden (fitness for use)* definiert. So wandelte sich Qualität als Aufgabe für eine spezialisierte Fachabteilung (siehe Industrialisierung) wieder zur Aufgabe für das Management, Qualität wurde wieder *Chefsache*.

Total Quality Management (TQM)

Der Japaner Kaoru Ishikawa (1915 – 1989) baute auf dem o. g. Qualitätsmanagementkonzept auf und entwickelte es weiter. Seine Philosophie: jede Abteilung und jeder einzelne Mitarbeiter, vom Geschäftsführer bis zum Arbeiter an der Werkbank, vom Buchhalter bis zum Pförtner müssen an den Qualitätsbemühungen des Unternehmens beteiligt werden.

So entstanden entsprechende Schulungsprogramme und Qualitätszirkel. Der bisher auf den externen Kunden beschränkte Kundenbegriff wurde auf den internen Kunden erweitert.

TQM basiert auf einem umfassenden Qualitätsbegriff, der die Qualität der Produkte, die Qualität sämtlicher Prozesse und die Qualität des gesamten Unternehmens betrachtet.

QM-Systeme

Kontinuierliche Verbesserung/KAIZEN

Kaizen ist ein Ansatz der **kontinuierlichen Verbesserung in kleinen Schritten** unter Einbezug der Mitarbeiter. Ihm liegt eine Unternehmenskultur zugrunde, in der jeder Mitarbeiter, ohne negative Konsequenzen befürchten zu müssen, das Vorhandensein von Fehlern eingestehen kann. Gleichzeitig wird erwartet, dass sich jeder Mitarbeiter auch ständig mit Fragen der Optimierung und Verbesserung auseinandersetzt. Es handelt sich um einen dauerhaften Organisationsveränderungsprozess, dem sich alle Mitarbeiter verpflichtet fühlen und an dem sich alle Mitarbeiter beteiligen.

Der Veränderungsprozess findet dabei auf verschiedenen Ebenen statt:

a) **Managementorientiertes KAIZEN**
Einbeziehung von Managern und Spezialisten
Schwerpunkt: Systeme und Verfahren verbessern
Ziel: stufenweise, sichtbare Verbesserung, u. a. auch eine verbesserte Leistungsfähigkeit des Managements

b) **Gruppenorientiertes KAIZEN**
Einbeziehung der Mitarbeiter in Qualitätszirkelarbeit innerhalb des eigenen Arbeitsfelds
Ziel: verbesserte Arbeitsverfahren, verbesserte Arbeitsleistung und Identifikation, Überarbeitung von Standards, Mitwirkung und Lernchancen

c) **Personenorientiertes KAIZEN**
Einbeziehung aller Mitarbeiter am eigenen Arbeitsplatz
Ziel: Verbesserte Arbeitsleistung, verbesserte Arbeitsmoral, Selbstentfaltung

Es wird davon ausgegangen, dass die Qualität der Leistungserbringung durch Einführung eines Standards, einer Verfahrensanweisung oder ähnlicher Maßnahmen einen Impuls erhält und schlagartig ansteigt, nach einiger Zeit durch den Gewöhnungseffekt aber langsam wieder absinkt.

Durch die ständige Auseinandersetzung mit Fragen der Verbesserung soll diesem Gewöhnungseffekt und dem Absinken der Qualität entgegen gewirkt werden.

Entwickelt wurde diese Methode von dem Japaner Masaaki Imai, in Deutschland ist sie unter dem Schlagwort *KVP – Kontinuierlicher Verbesserungs-Prozess* bekannt.

EQA-/EFQM-Modell

Die Europäische Stiftung für Qualitätsmanagement (EFQM), ein Zusammenschluss namhafter europäischer Unternehmen, hat 1991 ein TQM-Modell für Europa entwickelt. Da die EFQM nach diesem Modell auch alljährlich den European Quality Award (EQA) an Unternehmen verleiht, die besondere Leistungen auf dem Gebiet TQM vorzuweisen haben, wird dieses Modell auch als EQA-Modell bezeichnet.

Das EQA-Modell listet neun Kriterien auf, die Unternehmen berücksichtigen sollten, um TQM erfolgreich einzuführen und umzusetzen, unterschieden wird dabei die Gruppe der *Befähiger* und die Gruppe der *Ergebnisse*.

Die **Befähiger** oder Grundvoraussetzungen müssen bei TQM erfüllt werden, um die gewünschten **Ergebnisse** zu erzielen.

Befähiger

- Führung,
- Mitarbeiter,
- Politik und Strategie,
- Partnerschaft und Ressourcen,
- Prozesse.

Ergebnisse

- kundenbezogene Ergebnisse,
- mitarbeiterbezogene Ergebnisse,
- gesellschaftsbezogene Ergebnisse,
- wichtige Ergebnisse der Organisation bei Schlüsselleistungen.

Zu all diesen Punkten gibt es von der EFQM einen Fragebogen zur **Selbstbewertung**, den jedes Unternehmen ausfüllen muss, das sich um den EQA bewirbt.

Die Beschäftigung mit den genannten Kriterien ermöglicht es aber auch, jedem anderem Unternehmen für sich selbst zu ermitteln, wo es auf dem Weg zum TQM steht, welche Kriterien es bereits erfüllt und wo noch Defizite liegen.

DIN EN ISO 9000 ff (Version 2000)

wurde auf der Basis der einschlägigen Industrienormenreihe für Dienstleistungsunternehmen entwickelt, die ihre Leistungen unmittelbar für Menschen und mit hohem Personalaufwand erbringen. Grundlage sind für die zu erfassenden Anwendungsbereiche speziell erstellte Handbücher. Das QM-Handbuch ist dabei quasi als *Wanderkarte durch das QM-System* zu verstehen.

Zentrales Element im QM-Handbuch sind die Prozessbeschreibungen. Auch wenn keine Zertifizierung angestrebt wird, bewirkt bereits die Beschreibung der Prozesse eine Qualitätssteigerung, da Schnittstellen geklärt und Abläufe, die bislang unkoordiniert und ungesteuert ablaufen, festgelegt werden.

Zur Überprüfung, ob die Inhalte des Qualitätshandbuchs auch *gelebt* werden, führt der Qualitätsbeauftragte sogenannte Audits durch, indem er Mitarbeiter/innen aller Abteilungen zu den Abläufen und Instrumentarien befragt. Steht eine Zertifizierung an, wird dieses Audit von einer speziell dafür qualifizierten und zugelassenen externen Zertifizierungsstelle durchgeführt.

Ein der DIN EN ISO 9000 ff entsprechendes Qualitätsmanagement basiert auf sieben Prinzipien:

Kundenorientierte Organisation
Organisationen hängen von ihren Kunden ab und sollten daher die aktuellen und künftigen Erfordernisse der Kunden verstehen, ihre Anforderungen erfüllen und danach streben, ihre Erwartungen zu übertreffen.

Führung
Das Management gibt den einheitlichen Zweck und die Richtung der Organisation vor. Es soll ein internes Umfeld schaffen und erhalten, in dem Mitarbeiter sich voll für das Erreichen der Ziele der Organisation einsetzen können.

Beteiligung der Mitarbeiter
Mitarbeiter aller Ebenen sind das Herz einer Organisation und ihre volle Beteiligung ermöglicht, dass ihre Fähigkeiten zum Vorteil der Organisation genutzt werden können.

Vorgehen mittels Prozessen
Ein erwünschtes Ergebnis wird effizienter erreicht, wenn die betroffenen Ressourcen und Aktivitäten als Prozess geleitet werden.

Vorgehen mittels Systemen
Identifizierung, Verstehen und Managen des Systems zusammenhängender Prozesse für ein bestimmtes Ziel verbessert die Wirksamkeit und Effizienz einer Organisation.

Ständige Verbesserung
Ständige Verbesserungen sollten eine anhaltende Zielsetzung der Organisation sein.

Sachliches Vorgehen bei der Entscheidungsfindung
Wirksame Entscheidungen basieren auf der Analyse von Daten und Informationen.

Für beide Seiten vorteilhafte Lieferantenbeziehungen
Eine Organisation und ihre Lieferanten sind voneinander abhängig und für beide Seiten vorteilhafte Beziehungen steigern die Fähigkeit beider, Werte zu schaffen.

Spezielle QM-Systeme für den Gesundheitsbereich

Auf Grundlage der bereits genannten QM-Systeme haben sich speziell für Einrichtungen des Gesundheitswesens zugeschnittene QM-Systeme entwickelt. Einige davon werden im folgenden vorgestellt, ohne Anspruch auf Vollständigkeit.

KTQ
steht für Kooperation, Transparenz und Qualität und ist ein Messinstrumentarium zum Vergleich der Leistungen von Krankenhäusern. Perspektivisch soll dieses Instrumentarium in der Zukunft für alle Krankenhäuser verbindlich als Vergleichsmaßstab eingesetzt werden. Die Instrumentarien setzen auf EFQM/EQA-Strukturen auf.

MUM (Monitoring Evaluation Management)
ist ein KAIZEN-orientiertes Führungsinstrument, baut also auf dem Prinzip der kontinuierlichen Verbesserung auf. Es findet vor allem im Krankenhausbereich Anwendung.

Ähnlich wie die DIN EN ISO 9000 ff verbindet MUM sieben Bausteine miteinander:

- Standardentwicklung,
- Aus- , Fort- und Weiterbildung,
- Kompetenzen,
- Überprüfungen,
- Risikomanagement,
- Ressourcen,
- aktive Problembearbeitung.

MUM setzt einen Führungsstil voraus, der Ideen und Vorschläge der Mitarbeiter/innen in konkrete Optimierungsstrategien überführt und die Kontinuität der Prozesse sichert.

SEA (Selbstbewertungssystem für stationäre Einrichtungen der Altenhilfe)
baut auf EFQM-/EQA-Strukturen auf.

Für zwölf Schwerpunkte, eingeteilt in drei Gruppen, existieren Formblätter mit je zehn Fragen zur Selbstbewertung.

Gruppe I: Voraussetzungen für die Erbringung der Dienstleistungen
- Politik und Strategie,
- Personalführung,
- Prozesse.

Gruppe II: Dienstleistungen
- Bewertung und Planung,
- bauliche Standards,
- Informationspolitik,
- Pflegepraxis,
- Therapieangebote,
- Unterstützung individueller Bedürfnisse,
- hauswirtschaftliche Leistungen.

Gruppe III: Ergebnisse der Dienstleistungen
- Mitarbeiterzufriedenheit,
- Kundenzufriedenheit.

Die Selbstbewertung wird in fünf Schritten durchgeführt:

- Vorbereitung und Planung,
- Durchführung der Selbstbewertung,
- Erarbeitung eines Qualitätsverbesserungsplans,
- Umsetzung ausgewählter Maßnahmen,
- Erfolgskontrolle.

Werden alle zwölf Schwerpunkte bewertet, erhält die Einrichtung in der Regel 50 bis 200 Verbesserungsvorschläge aus den Reihen der eigenen Mitarbeiter/innen. Viele dieser Vorschläge sind leicht und schnell umsetzbar, andere erfordern Änderungen der Prozesse.

Wird die Selbstbewertung nach etwa einem Jahr wiederholt, werden die Veränderungen für alle Mitarbeiter/innen (und für die Bewohner/innen) sichtbar, was in aller Regel zu einem weiteren Motivationsschub führt.

Qualitätssiegel der BAGSO

Die Bundesarbeitsgemeinschaft der Seniorenorganisationen BAGSO verleiht das Qualitätssiegel *Seniorengerechtes Leben und Wohnen*.

Das Verfahren zur Erlangung des Siegels beinhaltet vier Phasen :

1. Befragung vor Ort
- durch die BASIC GmbH (BAGSO-Service-Institut und Qualitätsprüfung),
- Ergebnis und (anonymer) Vergleich zu anderen Einrichtungen wird dem Haus mitgeteilt.

2. Checklisten zur internen Qualitätsdiagnose
- werden bei der BAGSO angefordert und vom Haus selbst ausgefüllt,
- geben Anregungen für notwendiges und wünschenswertes Qualitätspotenzial,
- bei Erreichen einer bestimmten Punktzahl werden die Checklisten an die BAGSO gesandt,
- BAGSO erstellt aufgrund der Checklisten einen Bericht zur Qualitätsdiagnose und gibt Anregungen zur Qualitätsverbesserung.

3. Externe Begutachtung
- Hausbegehung durch das BASIC-Gutachterteam,
- Gespräche mit Mitarbeitern in Leitungsfunktionen, Heimbeirat, Bewohnern und Vertretern des sozialen und therapeutischen Dienstes,
- BASIC erstellt Gutacherbericht.

4. Beantragung des Siegels
- bei positiver Begutachtung kann das Siegel beantragt werden,
- Gültigkeit: drei Jahre, kann nach erfolgreicher Wiederholungsprüfung verlängert werden.

Anders als beispielsweise bei einer Zertifizierung nach DIN EN ISO 9000 ff, die eine Trennung zwischen Beratung und Zertifizierung vorsieht, liegt also beim BAGSO-Siegel die Auswahl der Kriterien, die eine Einrichtung erfüllen muss, die Durchführung der Beurteilung, die Beratung und die Erteilung des Siegels letztlich in der Hand ein und derselben Organisation.

Die aufgeführten Beispiele zeigen, dass es keineswegs gleichgültig ist, für welches Qualitätsmanagementsystem sich eine Einrichtung entscheidet. Je nach Modell erfordert die Umsetzung in die Praxis unterschiedliche Vorgehensweisen. Daher ist es wichtig, dass alle Berufsgruppen an der Auswahl des QM-Systems beteiligt werden, damit dann auch alle damit *leben* können.

Stichwortverzeichnis

Beraterprofil

Name: Carola Reiner
Qualifikation: Staatlich geprüfte Oecotrophologin
Qualitätsbeauftragte TÜV Dienstleistung
Fachwirtin Reinigungs- und Hygienemanagement
Geprüfte Desinfektorin
Verband: Präsidiumsmitglied Berufsverband Hauswirtschaft
Fachbereich: Wirtschafts- und Versorgungsdienste

Erfahrungsprofil

Carola Reiner hat 1997 die CCR Unternehmensberatung gegründet und berät Einrichtungen des Gesundheitswesens in den Fachbereichen Speisenversorgung, Hausreinigung und Wäscheversorgung.

Frau Reiner führt für verschiedene Träger Fortbildungen in den genannten Fachbereichen durch und ist als Gastdozentin an der Hochschule Niederrhein in Krefeld im Fachbereich Gesundheitswesen tätig.

Repräsentative Projekte

Benchmarking in den Bereichen Hauswirtschaft/Küche und Haustechnik von vier Krankenhäusern und einer Senioreneinrichtung eines Trägers aus dem Bereich Diakonie.
DRK Kreisverband Düsseldorf, Analyse und Reorganisation der Bereiche Speisenversorgung, Hausreinigung und Wäscheversorgung der vier Seniorenzentren.

Frühere Tätigkeiten

Hauswirtschaftsleitung im Heim am Kappelberg, Fellbach
Hauswirtschaftsleitung, Leitung der Wirtschafts- und Versorgungsdienste, stellv. Verwaltungsleitung der Städt. Frauenklinik in Stuttgart
Vertriebsbeauftragte für Tk- und IT- Systeme im Gesundheitswesen.

Verlag Neuer Merkur GmbH
Fachbuchprogramm

978-3-929360-91-2	Betriebswirtschaft in der Hauswirtschaft	19,90 €
978-3-937346-27-4	Bewohnerorientierte Hauswirtschaft	19,90 €
978-3-937346-23-6	CD-ROM rhw Fragen & Antworten	22,80 €*
978-3-937357-02-7	Control Book der Altenpflege	35,00 €
978-3-9808108-0-7	EDV Programme für die professionelle Kongressorganisation	40,00 €
978-3-937346-32-8	Erfolg ist planbar	24,90 €
978-3-929360-19-6	Erfolgreiche Strategien für starke Teams	10,00 €
978-3-937346-45-8	Erfolgreiches Verpflegungsmanagement	24,90 €
978-3-929360-46-2	Ernährung in der Hauswirtschaft	25,00 €
978-3-929360-73-8	Gesundheit und Hygiene in der Hauswirtschaft	22,90 €
978-3-937346-28-1	Hauswirtschaft in der Altenhilfe	23,90 €
978-3-929360-58-5	Kundenorientierung und Beschwerdemanagement in der ambulanten und stationären Altenpflege	27,90 €
978-3-9808109-5-1	Die Macht der Mitarbeiter	35,00 €
978-3-937346-38-0	Management des hauswirtschaftlichen Dienstleistungsbetriebs	24,90 €
978-3-929360-87-5	Management in der Hauswirtschaft	24,90 €
978-3-9808109-3-7	Mitarbeiter in der Altenhilfe	45,00 €
978-3-929360-27-1	Ökotrophologie	22,90 €
978-3-937346-03-8	Ökotrophologie 2	25,00 €
978-3-937346-52-6	Planen statt verplant werden	19,90 €
978-3-937346-43-4	Praxisorientiertes Qualitätsmanagement für Non-Profit-Organisationen	24,90 €
978-3-929360-74-5	Qualitätsmanagement in der Hauswirtschaft	22,90 €
978-3-937346-39-7	Rechtsvorschriften im Fokus der hauswirtschaftlichen Praxis	22,90 €
978-3-929360-05-9	Trainings-Erfolgs-Kontrolle	10,00 €

Bestellungen richten Sie bitte an:
InTime Services GmbH • Postfach 1363 • 82034 Deisenhofen
Fax: 089 8 58 53-62-833
Telefon: 089 8 58 53-833
Email: neuermerkur@intime-services.de
Internet: www.fachbuch-direkt.de

Lieferung inkl. MwSt. und zzgl. Versandkosten
Preisänderungen müssen wir uns vorbehalten